教育部"国培计划"首期中小学名师领航工程
北京市海淀区教师进修学校培养基地研修成果

· 与名师一起进修 · ● 丛书主编：罗滨

真学语文：
让语文教学真实发生

ZHEN XUE YUWEN
RANG YUWEN JIAOXUE ZHENSHI FASHENG

罗 蓉 /著

北京师范大学出版集团
BEIJING NORMAL UNIVERSITY PUBLISHING GROUP
北京师范大学出版社

图书在版编目(CIP)数据

真学语文：让语文教学真实发生/罗蓉著.—北京:北京师范大学出版社，2022.9

ISBN 978-7-303-27951-7

Ⅰ.①真… Ⅱ.①罗… Ⅲ.①语文教学－教学研究 Ⅳ.①H19

中国版本图书馆 CIP 数据核字(2022)第 116418 号

图书意见反馈：gaozhifk@bnupg.com 010-58805079
营销中心电话：010-58802755 58800035
北师大出版社教师教育分社微信公众号：京师教师教育

出版发行：北京师范大学出版社 www.bnup.com
　　　　　北京市西城区新街口外大街 12-3 号
　　　　　邮政编码：100088
印　　刷：三河市兴达印务有限公司
经　　销：全国新华书店
开　　本：710 mm×1000 mm　1/16
印　　张：14.75
字　　数：210 千字
版　　次：2022 年 9 月第 1 版
印　　次：2022 年 9 月第 1 次印刷
定　　价：64.00 元

策划编辑：冯谦益　　　　　责任编辑：朱前前
美术编辑：焦　丽　　　　　装帧设计：焦　丽
责任校对：陈　民　　　　　责任印制：马　洁

丛书编委会

顾问：顾明远

主编：罗　滨

副主编：申军红　韩巍巍

成员（按姓氏拼音排序）：

柏春庆　曹一鸣　李瑾瑜　李　琼　李英杰　林秀艳

莫景祺　邵文武　王尚志　王云峰　王化英　吴欣歆

谢春风　余　新　张铁道　张　鹤　赵杰志

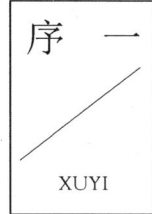

教师要努力成为教育家

《中共中央 国务院关于全面深化新时代教师队伍建设改革的意见》（以下简称《意见》）是中华人民共和国成立以来党中央出台的第一个专门面向教师队伍建设的里程碑式政策文件。这是以习近平同志为核心的党中央高瞻远瞩、审时度势，立足新时代的战略部署作出的重要决策，将教育和教师工作提到了前所未有的政治高度。

为落实《意见》的精神，《教师教育振兴行动计划（2018－2022 年）》提出"实施中小学名师名校长领航工程，培养造就一批具有较大社会影响力、能够在基础教育领域发挥示范引领作用的领军人才"。"国培计划"中小学名师领航工程（以下简称"名师领航工程"）是全国中小学教师培养的最高层次，2018 年开始，对百余名优秀教师进行三年连续性系统化培养，旨在充分发挥名师的示范引领作用，探索教育领军人才培养的有效模式，营造教育家脱颖而出的制度环境，着力建设新时代高素质专业化创新型教师队伍。

那么什么样的教师才能称为教育家呢？我认为，教育家一般要达到以下三条标准：一是长期从事教育工作，爱教育，爱孩子，爱学科，把教育作为自己毕生的事业。二是要有先进教育理念，富有教育智慧和教育艺术，形成自己的教育风格。三是善于学习，不断钻研，敢于创新，善于吸收新事物，逐渐形成自己的理论见解和思想体系。

名师领航工程的学员都是来自全国各地的特级教师和正高级教师，他们多年从事教育工作，教学经验丰富，教学能力突出，很多也有自己的教学特色和风格，是很优秀的专家型教师。但是他们还缺乏理论修养，没有把很多优秀的教学案例和生动的育人故事，以及课堂和学科的教学主张，形成系统化和结构化的理论见解和思想体系。名师领航工程就是学员从优秀走向卓越的生长点，在此项目学习期间要帮助他们梳理总结自己教育经验，把经验上升为理论，逐渐形成自己的教育风格和教育思想体系，并能对其他教师起示范引领作用。

名师领航工程学员撰写的专著，是他们多年教学实践和育人成果的总结和提炼，也是他们教学主张和教育思想的升华。专著的出版，相信会成为本学科领域具有影响力的学术成果，标志着他们在基地的三年研修结出了累累硕果，也标志着他们离教育家越来越近。

北京市海淀区的基础教育在全国处于领先地位，北京市海淀区教师进修学校在教师教育领域做了很多引领性、示范性的工作。作为首批名师领航工程培养基地中唯一的教师研修机构，为培养教育家型卓越教师做了很多的探索和实践，培育名师再成长的理念先进，实践导向的"三年六单元"的研修课程系统，强调学员深度参与、不断输出思考与实践的研修方式有效，成果丰硕。现在北京市海淀区教师进修学校与北京师范大学出版社合作，组织编写和出版"与名师一起进修系列丛书"，是非常有意义的一项工作。

我非常期待，丛书的出版能够很好地支持新时代的教师队伍建设，让越来越多的教师成长为教育家，引领广大教师迈向教育现代化！

中国教育学会名誉会长，北京师范大学资深教授

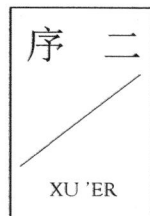

名师再成长：从优秀到卓越

百年大计，教育为本；教育大计，教师为本。《中共中央 国务院关于全面深化新时代教师队伍建设改革的意见》（以下简称《意见》）强调："造就党和人民满意的高素质专业化创新型教师队伍""到 2035 年，教师综合素质、专业化水平和创新能力大幅提升，培养造就数以百万计的骨干教师、数以十万计的卓越教师、数以万计的教育家型教师"。这是中华人民共和国成立以来，党中央出台的第一个面向教师队伍建设的里程碑式政策文件。

从《意见》的出台，到全国教育大会的召开，习近平总书记发表了关于教师的一系列重要论述，这些都表明国家对教师职业的重视，对新时代高素质教师队伍建设的重视。在这支队伍中，名师是很重要的一个关键群体，他们师德高尚，专业精深，育人成果显著，能带领教师团队在教育改革中攻坚克难，是一个地区的教育领军人才，是教师队伍的领头羊，而促进更多的优秀教师成长为教育家型教师，则关系着我国教师队伍整体质量的提升。

2018 年年初，北京市海淀区教师进修学校（以下简称"海淀进校"）承担了教育部"国培计划"中小学名师领航工程（以下简称"名师领航工程")培养基地的任务，来自全国 10 个省市的 11 名特级教师和正高级教师成为基地的首批学员。基地面临着一个极具挑战性的任务，就是如何助力优秀的专家型教师成长为卓越的教育家型教师。

首先，我们明确了教育家型卓越教师的关键特质。

责任与担当——教育当为家国计。教育家时刻牢记为党育人、为国育才使命，他们主动承担起教育改革发展的重任，有着"知其难为而为之"的无畏勇气，敢于承担别人不敢承担的责任与重担，他们有宽视野和高境界，着眼于国家发展、民族未来，在教育改革的大潮中主动作为。

理想与情怀——使命感成就教育家。教育是教育家毕生的理想与追求，他们有崇高的职业使命，高度认同教育的目的，深刻理解教育的本质，精准把握教育的脉搏，研究课程、教学、评价的每一个环节，不断探索有意义的学科教学与学科育人，努力上好每一堂课、教好每一个学生。

创新与坚持——探索和领航的基石。教育家是探索者，更是领航者。他们尊重学生成长规律，在教育实践中不断摸索和创新，面对问题不断寻求新思路，更新知识结构，开阔学术视野，提升自己的教育能力，努力培养德智体美劳全面发展的学生。他们信念坚定，持之以恒，坚守初心，百折不挠，在处理困难和挫折时，表现出非同寻常的坚持，也在不断遇到难题、攻克难题的过程中享受成功带来的快乐。

那么，如何从优秀教师成长为教育家型卓越教师？

在更好地成就学生中再成长。教育家的目标是更好地成就学生，想大问题，做小事情，把崇高的教育理想落实到平凡的教育教学工作中。坚守正确的教育价值观，仰望星空又脚踏实地，逐渐形成独特的教学风格和教育思想，形成标志性的教育教学成果，在教育改革与发展中发挥示范引领作用，才能被称为"教育家"。

在培养基地中实现再成长。良好的环境、志同道合的同伴有利于名师再成长，培养基地就是一个很好的平台。基地可以创建良好的教育生态，提供肥沃的土壤、充足的阳光和丰沛的养分，通过与同伴和导师的共同研究和实践，唤醒和激励他们主动发展和自我成长。在基地，未来教育家们携手前行，形成团队发展态势，也会带动更多的优秀教师逐渐成长为教育家型卓越教师，在教育改革中，领基础教育发展之航，领学科育人之航，领学生和同伴成长之航。

自 2018 年成为名师领航工程培养基地以来，海淀进校的干部和教研员，反复研讨，从培育模式、培育机制、研修课程、培训方式等多方面进行了探索和创新。构建了"基地—大学—中小学"个性化、立体式培养模式，形成"学员—导师共同成长"的新型关系：用高远目标引领，使教师成为有风格、有思想、有智慧，能够引领基础教育改革发展的教育家型卓越教师；用系列课程支持学员成长，"三年六单元、九大模块课程"使名师开阔了教育视野，提升了教育境界，发展了教育创新能力；有实践导师同行，名师和同学科高水平教师一起，聚焦学科核心素养发展，探索学习方式变革，上课、切磋、分享，在深度互动、深刻体验、共同创造中实现新的成长。

海淀进校能够通过申请、答辩和双选等环节成为名师领航工程培养基地，学员能够来到海淀，就是对海淀进校的充分信任。我们绝不能辜负学员。为了给学员提供充分的接触国内知名学者和一线名师的机会，我们给每位学员配备了 5 名导师，有学科专业导师、学科教学导师、教育理论导师、教研导师和一线导师。有理论导师相伴，名师和专家一起，在课题研究和实践中，在一次次微论坛中，将自己的教学主张概念化、结构化，固化教育风格，凝练教育思想。同时基地开展教育援助，发挥辐射作用，从"一枝独秀"到"百花齐放"，学员教师通过名师工作室带领团队解决问题，在成就其他教师中成长。

通过名师领航工程的探索与实践，海淀进校以先进的教育理念、特色的课程供给、高端多元的导师团队、健全的服务机制为特色，构建名师成长的生态系统与示范基地，为全国教师研修机构提供了名师培育的成熟范式。

丛书立足海淀进校基地培养教育家型卓越教师的鲜活经验和理论探索，是学员理解学科本质、探索学科育人的成果凝练。丛书聚焦了当前学科教学和学科育人中的关键问题，书中既有学科教育和学生发展的理论，又有学科教学的方法，还有经过实践检验的教学案例和育人案例，对一线教师来说可学、可做、可模仿、可借鉴，是教师开展学科教学和班主任工作的重要参考。

　　丛书同时展现了名师成长的路径和教学主张、教育思想形成的过程。希望通过丛书的出版，让更多的教师、教研员、学者和教育行政管理者从教育家型卓越教师的成长中得到一些启示。也祝愿更多的老师从优秀走向卓越，成长为教育家型卓越教师！

罗　滨

北京市海淀区教师进修学校校长

让真实的学生真正学习真实的语文

罗蓉老师是云南省小学语文教学领域很有影响力的名师，也是教育部"国培计划"中小学名师领航工程的首批学员。2018 年，我受北京市海淀区教师进修学校（以下简称"海淀进校"）罗滨校长之邀，忝列"国培计划"中小学名师领航工程（以下简称"名师领航工程"）海淀进校基地的导师团队，同时作为罗蓉老师的辅导教师之一，与罗老师的专业交流也就比较多。2019 年 5 月 27 日，名师领航工程海淀进校基地在云南威信县送教，我也前往参与，罗蓉老师在这次送教活动中提供了一节示范课例，也让我真实地感受了一位名师领航工程学员的课堂教学魅力。

罗蓉老师这次执教的是小学统编教材三年级语文《司马光》一课。按照我的理念，我是在讲台前面对着学生听课的，这是我一贯的做法。一节四十分钟的课，我能看到的是全体学生舒展的表情和投入学习的神态，能体会到的是学生随着老师的引导和指导积极参与学习的行动状态。我自己也时时随着学生的状态进入课堂的环节和情境中。由此我会很自信地判断，这堂完整的教学课例，我感受到罗蓉老师作为名师果然名不虚传，名副其实。为什么？因为这节课不仅有凭日常经验判断"成功"的各项表现特征，而且非常明显地体现出了学科味、学生味、学习味。我也就把罗蓉老师的课称为"三味"课堂。

先说学科味。罗蓉老师是位语文老师。语文老师应当是最懂"语文"的人。语文老师对"语文"的理解，不能只是"课程""课本""课文"等这些概念，语文教学也不能孤立地理解成识字教学、阅读教学、作文教学（习作）、活动实践教学之间的并列组合。语文，顾名思义，是"语"和"文"的融合与熔合，即语中有文，文中有语，互为依存；语为言，言需听和说；文为字，字要读和写。但语文不仅仅是语言文字，更有语言所承载的文化、文学、文明之意，需要赏、需要析，需要觉、需要悟，需要情、需要感。基于如此的理解进入语文教学，不仅要关注字词、文体、含义等本体表征，更要在意感悟、理解、体会、应用等价值特征。罗蓉老师的语文课堂就是将语与文、词与句、义与意、情与感有机融合为一体，教学过程中师生该说就说，该读就读，该写就写，该练就练，该议就议，该悟就悟，不断督促孩子用语文的方式学习语文，增强孩子对语文的感知与理解，使得语文课真正上出了语文味。

次说学生味。教师是一个关系词，教学本质上是师生关系的动态展现，教学也就是教学生学。这就要求教师必须要有非常清晰的儿童立场和儿童观。罗蓉老师的课堂可以说就是典型的基于儿童立场和儿童观的课堂，这不仅表现在她在课堂中对全体学生的关注，而且表现在对学生不断地鼓励、帮助和激发，还表现在与学生互动过程中言行的温暖与态度的谦卑。她执教的三年级班级人数近 80 人，罗蓉老师能够从前后左右都给予学生以关注，尤其是她并没有站在讲台上居高临下控制学生，而是走下讲台在孩子中间，更在孩子身边，尽可能照顾到每个孩子。尤其是她对学生的提问、回应与引导，丝毫不会盛气凌人，也不会咄咄逼人，而总是会俯首躬身，和蔼亲切，循循善诱，让学生在尊重、安全和照顾的环境中感受到主体的地位。

后说学习味。教学的基本原理告诉我们，教师的教要基于学生的学，教的目的也是为了学，教师教会的本义其实是学生学会。因此，课堂中只有学生发生真正的学习，才会有教学的高效率、高效果与高质量。正因为如此，如何促进和实现学生在课堂真正的学习，也就是教师的课堂责任与价值所在。罗蓉老师在课堂教学过程中非常重视让学生处于真正学习的状态，她善于应用多种方式促进、引导和指导学生学习，让学生真正成为课堂的学习者。首先是通过设疑设问、反问追问以及学生互问等方式不断调动学生学习兴趣，吸引学生对学习任务的注意力。其次是让学生真正参与到学习过程中，通过范读、领读、朗读、默读以及阅读中的情感体悟，让学生感受到文言文好读；通过模仿、练习、应用等方式，让学生领悟到文言文好学；通过反复读、练、议以及含义的理解，让学生把握文言文的特点。最后是给学生具体学习方法的指导，培育学生会学的学习能力。如"读书要有仪式感"的反复提示、"吸气—呼气—朗读"方法的指导练习、借助注释和插图以及联系上下文理解课文的意思的引导等，都是培育学生学习能力的重要策略。再如，当学生书写时，罗蓉老师又会提出"提笔就是练字时""练字先练姿""一看结构、二看占格、三看笔顺"，以及"身正、肩平、臂开、足安"等要求，学生们都会饶有兴趣地参与尝试，乐在其中，学在其中。正是通过多种方式对学生学习的关注，真正实现了课堂对学生学习的"赋权"与"增能"的有效结合。

通过对罗蓉老师课例的观察学习，我也深切地感悟到，与其说"上好课"对名师是"硬道理"，不如说名师"上好课"更要"讲理"。"理"是什么？就是学科原理、学生原理和学习原理。一堂好的语文课，除了教师要非常熟悉和内化教学内容、灵活应用多种方式活化知识、不断积累教学经验外，更要有清晰的学科观、学生观和学习观。这也是名师与普通教师的根本区别所在。

也就是因为对罗蓉老师这次送教示范课例的深刻印象，在后来海淀进校基地学员凝练和概括各自教学主张的研讨过程中，通过对罗老师教学实践和教学经验的全面总结，我提出了将"真学语文"作为罗老师的教学主张。这个主张的逻辑要义，可以通过对真、学、语文三个词的分别解析来理解和把握：

真，相对于"假"而言，即真正（本来）、真实（实践）、真情（情意）。真，也是对"学"和"语文"的统领修饰——"学"是真正的，不是虚假的；"学"是符合规律的，不是自我感觉经验判断的；"语文"也是真的，符合学科本性和课程本性，是"真语文"而不是"假语文"。

学，即学生、学习。小学语文教学一定要把握一个清晰真实的"小学生"概念，既要依据小学生的生理、心理以及语言能力的发展阶段性特征，还要遵循学习的原理，实现课堂的主体学习、互动学习和合作学习。让真实的学生在课堂发生真正的学习。

语文，包括听话、说话、阅读、写作四项要素，简称为"听说读写"。从课程性质上看，语文课程是一门学习语言文字运用的综合性、实践性课程，语文教学应着重培养学生的语文实践能力，使学生获得基本的语文素养，并以丰富的人文内涵影响和熏陶学生精神世界和思想情感。因此，真语文的教学，需要特别关注汉语言文字的特点对学生识字写字、阅读、写作、口语交际和思维发展等方面的影响，在教学中尤其要重视培养良好的语感和整体把握的能力。真语文就是围绕语文要素、语文能力、语文素养进行教学的语文，也是让学生以语文的方式学习语文。

如果把这样的分别解析再以综合的方式来理解，那么"真学语文"的内涵可以表达为：让真实的学生真正学习真实的语文。祝愿罗蓉老师能够在已有的实践和研究成果的基础上，不断积累和丰富"真学语文"教学主张的内容，为小学语文教学改革和高质量小语课堂的建构贡献自己的智慧。

李瑾瑜

西北师范大学教育学院教授

目　录

MULU

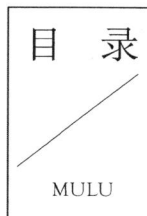

第一章

小学语文教学的
"假"现象与"真"追求

第一节　回望小学语文教学改革

一、小学语文教学改革的历程

从小学语文教育思想与教学任务的发展变化看，自中华人民共和国成立到现在的 70 多年里，语文课程经历了初创形成、教育革命、恢复调整、修订试用和探索深化等六个阶段。

70 多年来，经过一代又一代人的努力，小学语文教学理念不断刷新。从致力于语文知识教学、培养能力、发展智力到培养素质、提高素养，对语文教学目标和任务的认识渐趋完善；语文教育教学理念不断刷新，在课程、教材、教法、教学评价与教学研究等领域取得了令人瞩目的成绩。

小学语文教学发展历程大致可分为六个阶段。

第一个阶段是从 1949 年到 1957 年，其主要特征为学习苏联语文教学经验。这一阶段的语文教学处在中华人民共和国成立初期，它从诞生之时起，除口头和书面语言教学任务之外，还担负着政治思想教育、自然史地常识教育的任务。第二个阶段为 1958 年到 1976 年，这一阶段提出了语文教学必须加强语文基础知识和语文基本能力训练，即"双基"训练。第三个阶段为 1977 年到 1991 年，其主要特征为培养能力和发展智力，这一阶段是中华人民共和国成立后我国小学语文课程与教学改革最繁荣的时期。在这一时期，小学语文教材编写体系方面进行了新的尝试，在作文教材和教学体系构建方面取得了突破性的进展。第四个阶段为 1992 年至 2000 年，其主要特征为语文素质和语文训练。这一阶段明确提出要"端正教学思想，改进教学方法，提高教学质量"，并着重指出在教学中应处理好五个方面的关系：语言文字训练和思想教育的关系，传授知识同发展智力、培养能力的关系，语言和思维的关系，教和学的关系，课内和课外的关系。第五个阶段为 2001 年到 2016 年，这一阶段"语文素养"取代"语文能力"，"语文素养"成了语文课程与教学的核心理念。与此相应，人文性、语文实践、开拓语文课程资源、语文综合性学习也渐次成为语文课程与教学的关键词。① 第六个阶段为 2017 年至今，其主要特征为深化语文核心素养的培养。这一阶段伴随着的是统编版教材的使用，从语文知识、语文能力、语文素质到语文素养，反映了各个时期对语文教学指导思想与教学任务认识的推进。

自 2016 年开始，统编小学语文教材开始在部分省份试用，2019 年秋季，统编小学语文教材全面投入使用。新教材无疑是目前语文课程教学最合适的内容载体，在全国掀起了统编教材教学研究的热潮。

统编小学语文教材，它从根本上克服了原来"一纲多本"、教材质量参差不齐、重人文说教轻语文要素、选文不成熟、体系碎片化等不足。新教材采用了"双线组元"结构，即按照"内容主题"组织单元，课文大致都能体现相关的主题，形成一条贯穿全套教材的显性的线索；同时又有另一条线索，即将"语文素养"的各种基本"因素"，包括基本的语文知识、必需的语文能力、适当的学习策略和学习习惯，以及写作、口语训练等分成若干个知识或能力训练的"点"，由浅入深、从易到难、螺旋分布并体现在各个单元的课文导引或习题设计之中。此外，还选编了一定数量的传统经典和红色经典篇目，形成对学生进行中华优秀传统文化、革命文化和社会主义先进文化教育的完整体系，从小培养我们中华民族的文化自信。

2019 年，《关于深化教育教学改革全面提高义务教育质量的意见》提出，要加强课程教材建设，完善教材管理办法，提升智育水平。严格按照国家课程方案和课程标准实施教学，强化课堂主阵地作用，切实提高课堂教学质量，确保学生达到国家规定学业质量标准。

回顾中华人民共和国成立至今 70 多年语文教学改革的历程，可以说如同一幅缩略的语文发展画卷。②

① 吴忠豪、于龙：《新中国 60 年小学语文教学改革（上）（下）》，载《语文教学通讯：小学(C)》，2009(1)(2)。

② 李泽民：《让合适的内容载体遇见恰当的路径策略——对统编小学语文教材编排和使用的再认识》，载《中小学教师培训》，2019(10)。

二、小学语文变革的主要趋势

目前，随着基础教育课程改革的不断深化，语文课程改革已经达到一个全新的阶段，语文学科被赋予了新的育人使命：使学生养成良好的学习习惯，掌握必备的学习策略、学习能力和学科知识，全面提高学生学科核心素养。过去的语文教学方式已经不能适应新的育人要求，因此，应采取灵活多样的教学方式以适应新的教学目标。

（一）语文育人功能的变迁

教育的本质特征决定了教育要符合时代和社会的需要。因此，更加灵活多样的教学方式应该被提出。同时，21世纪对教育提出了更高的要求。《义务教育语文课程标准（2022年版）》中提到，语文课程致力于全体学生核心素养的形成与发展，为学生学好其他课程打下基础；为学生形成正确的世界观、人生观、价值观，形成良好个性和健全人格打下基础；为培养学生求真创新的精神、实践能力和合作交流能力，促进德智体美劳全面发展及学生的终身发展打下基础。语文课程在推广普及国家通用语言文字、增强凝聚力、铸牢中华民族共同体意识，建立文化自信、培育时代新人，实现中华民族伟大复兴等方面具有不可替代的优势。[①] 语文课程的多重功能和奠基作用，决定了它在九年义务教育中的重要地位。

过去的教学在价值取向上存在严重的偏颇，片面追求对系统知识的掌握，而忽视了学生身心其他方面的全面发展。传统的学习方式过分突出接受和把握，忽视了发现与探究，使得学生主动学习的过程被压缩成被动接受和记忆书本知识的过程。因此，为了让学生在其一生中能够具有创新的精神与能力，成为幸福生活的创造者和美好社会的建设者，能够不唯书，用自己的眼睛去观察，用自己的头脑去判断，用自己的语言去表达，成为一个独特的自我，我国对新课程作出了语文育人功能的变革。

---

① 中华人民共和国教育部：《义务教育语文课程标准（2022年版）》，北京，北京师范大学出版社，2022。

(二)小学语文学习方式的改变

1．多样化取向

小学语文学习方式的多样化取向主要是指改变过去单一、被动的学习方式，变被动为主动，使其成为学生主动参与的、自主探究的、善于合作的、勤动手的、勇敢创新和有个性的学习。它能成为这次课程改革的一个重要方面，是因为学生生理、心理以及语言能力的发展具有阶段性特征，不同内容的教学也有各自的规律，应该根据不同学生的特点和不同的教学内容，采取适合的学习方式，促进学生语文素养的整体提高。为了实现这一多样化取向的变革，首先就必须实现教学方式由单一僵化向多样灵活的变革，这意味着我们需要打破传统的非此即彼的思维模式，摒弃对某种单一固定模式的过分追求。

另一方面，值得我们注意的是，多样化的学习方式虽然会使学习园地百花盛开、瑰丽多彩，但不同的学习方式也有不同的使用价值和适用范围。所以学习方式的选择应综合地考虑学习的任务或目标、学习内容和学习者的特点，而不只是根据某一种因素确定学习方式，片面突出某一种学习方式。以探究、发现的学习方式为例，虽然它对发展学生的智能、培养学生的独立能力有独特的积极作用，但它受时间、学生的知识背景和智能发展水平等条件的制约较大，必须与其他的教学方式配合使用方能收到较好的教学实效。因而对多种语文学习方式的选择必须分析、权衡各方面的影响因素，对不同的学习方式进行全面评估和优化组合，以便达到最优的学习效果。如果只片面追求学习方式形式上的多样化，而不重视与学习目标、学习内容、学习者的特点等因素的适应，那么学习的具体实效就无法实现。而在实际教学中，不依据发展目标、学习内容和学习者的特点，简单套用合作、探究的学习方式的状况是存在的。

合作是最常用的学习方式之一。它可以让学生在平等交流的气氛中，互相沟通、互相影响、互相补充，从而引发群体的思想碰撞，达到共识、共享、共进。举例来说，在我们的教材中，有许多课文可以改编成课本剧，让学生以合作的方式去演一演，去共同体验课文里的故事，深入体会角色的情感世界，更深地理解课文；同时学生也可以学会将书面语转变成口头语、体态语，在学会表达中增强自我的力量与智慧，并在小组合作中锻炼自己的团队意识、合作精神、与人相处的能力。对学生而言，与倾听老师的单一讲解相比，虽然这种方式更加费时费力，但他们往往更加喜爱这种方式；而对老师的教学而言，采用这种学习方式绝对是磨刀不误砍柴工。值得注意的是，激励学生合作的目的不是为合作而合作，更不是为了追求华而不实的教育气氛而做，关键是满足学生的学习需求，激发学生的合作欲望。

2. 体验化取向

培养学生高尚的道德情操和健康的审美情趣，帮助学生形成正确的价值观和积极的人生态度，是语文教学的重要内容，不应把它们当作外在的附加任务，应该注重情感体验，潜移默化地把这些内容贯穿于日常的学习过程之中。

体验作为体验式学习的核心概念，其意义大多指主体自身的一种认识性实践行为，如通过亲自实践或经历来认识周围的事物。体验，既是一种活动，也是活动的结果。作为一种活动，即主体亲历某件事并获得相应的认识和情感；作为活动的结果，即主体从其亲历中获得的认识和情感。体验是主体内在的知、情、意、行的亲历，以及体认与验证。以体验的普遍定义和解释为基础，我们可以为体验总结出既适用于教育表述又相对科学的定义：体验是指主体对自身行为或外界事物的某方面特征进行感知并产生相应的情感反应和理性认识的一种心理活动。体验式学习重视学生学习过程的内化，即体验化，是引导学生对学习内容进行体验，即感知内容、体验内容。这种独特的学习方式并不是全新的，在许多语文教学实践中，它已或多或少地被语文教师应用过，比如李吉林老师倡导的情境教学就大量运用了体验式学习，语文活动课程的学习也基本属于体验式学习。而且语文体验式学习也具备较高的灵活度，被广泛应用到了语文教学实践的各个环节中。

总之，语文体验式学习，应重视让学生在学习过程中实现学习的内化，既体验学习内容和学习情境，也体验学习过程和学习行为，这才有利于良好的语文学习习惯的养成和良性的语文素养的生成。

3．互动化取向

课堂教学与学生独自进行学习活动的最根本的区别在于，它是师生和生生之间的一种群体活动，而不是个人活动。教师和学生作为活动的主体，必然要发生各种相互交往与相互作用，此处我们主要讨论师生间的互动。第一种是教师个体与学生个体之间的互动。这种互动通常存在于提问与应答、要求与反应、评价与反馈以及个别辅导、直接接触等过程中，这种互动一般能够鲜明地表现出教师对学生的情感倾向。第二种是教师个体与学生群体的互动。教师此时的行为并非特别地指向某一学生个体，而是一般地指向学生群体，学生此时也感到自己对教师行为的反应是群体反应的一部分。这种互动通常发生于组织教学、课堂讲授、课堂提问、课堂评价等过程之中。

在传统的语文教学中，教师负责教，学生负责学，二者各司其职，教学因此变成一种教师对学生单向的培养活动。其具体表现就是以教为中心，学围绕教展开。教师是知识的传授者，对于求知的学生来说，教师就是知识宝库，是活的教科书，是最有学问的人，没有教师对知识的传授，学生就无法学到知识，教师是课堂的主导者。在某种程度上，这就导致教代替了学，学要无条件服从于教，学生是被教会的，而不是自己学会的，更不用说会学了。最终，学生自主学习的能力逐渐丧失了，教也适得其反，成为遏制学的力量。

但幸运的是，新课程对小学语文教学进行了正本清源，把教学过程看成是师生交往、积极互动、共同发展的双向互动过程，更加突出了小学语文教学方式的互动取向。具体而言，新课程强调教学是教与学的交往、互动，是师生双方相互交流、相互沟通、相互启发和相互补充的过程。在这个过程中，教师与学生分享彼此的思考、经验和知识，交流彼此的情感、体验与观念，丰富教学内容，求得新的发展，从而达成共识、共享、共进，实现教学相长和共同发展。我眼中的小学语文变革之一就是小学语文教学中的沟通和互动，常常是借助对话来实现，但这对话却不只是言语的应答。按照雅斯贝尔斯的说法，"对话是真理的敞亮和思想本身的实现"，是一种"在各种价值相等、意义平等的意识之间相互作用的特殊形式"。它强调的是双方的"敞开"与"接纳"，是一种在相互倾听、接受和共享中实现"视界融合"与精神互通，共同去创造意义的活动。可以说，语文教学对话是师生基于互相尊重、信任和平等的立场，以教材内容为话题，通过言谈和倾听而进行的双向沟通，共同去生成和创造文本、构建意义的过程。在这种互动、沟通式的学习中，学生的价值更易被凸显，他们也更容易变得想学、乐学、爱学。

4. 生活化取向

现实生活中蕴含着丰富的自然、人文等多种语文课程资源。语文教学应沟通课堂内外，充分利用学校、家庭和社区等教育资源，让学生在生活中学习，在学习中生活。所谓生活化教学是将教学活动置于现实的生活背景之中，从而激发学生作为生活主体参与活动的强烈愿望。同时将教学的目的要求转化为学生作为生活主体的内在需要，让他们在生活中学习，在学习中更好地生活，从而获得有活力的知识，并使情操得到真正的陶冶。

语文是建立在母语的基础上的，与生活息息相关的一门学科，正如吕叔湘先生所说："语文跟别的课有点不同，学生随时随地都有学语文的机会。"恐怕没有一个学科能比语文与生活的联系更为密切了。所以，语文教育理应回归和顺应它与生活的联系，向广阔的生活开放，并且教师还要有意识地以语文课为轴心，把学生的语文学习向生活的相关领域拓展，让语文学习的触角延伸到学生生活的各个领域，做到课内学习与课外知识紧密结合，使语文教学形成一个整体网络结构，这也是陶行知先生的生活教育思想精华的体现。

但传统的小学语文教学将过多精力放在对知识的传授和技能的训练

上，教师只是单纯地教课本而不教如何在生活中运用，大量实用的语文学科知识被束之高阁。对于学生来说，这会导致他们丧失语文的学习兴趣，因为脱离了生活的语文是抽象的，会让人觉得枯燥乏味和空洞无物。另外，传统的小学语文教学还会给孩子带来一种错觉，只有坐在教室里才是学习语文，教室之外的日常生活就不能学习语文了。于是我们经常看到，走出教室，学生能查字典，却不会结合生活实际理解词语，提到写作文，就更是愁眉苦脸、生搬硬造。因为他们忽视了，生活其实就是一本最生动的大字典、一个最丰富的作文素材库！

可见，我们应该对这种与生活脱节的传统的小学语文教学进行反思和变革，追求语文教学生活化，这已经得到教育界越来越多的认可。生活，永远是语文学科的源头活水。当学习与生活建立紧密的联系时，就可以利用生活资源丰富的优势使教学活动变得更加生动有趣，极易牵动学生的心灵，学习的效果不言而喻。实施生活化教学的课堂，知识、能力的应用都更加趋向综合化。《义务教育语文课程标准（2022年版）》就体现了这一变革。举例来说，可以依据教材特点和学习目标，设计和实施一些综合性的活动，使学生在生活化的实践过程中自然发展多元智能。与此同时，教师也可以在教学过程中有意识地将书本知识与生活体验联系起来，帮助学生树立"生活处处有语文"的意识。

所以，在小学语文教学方式向生活化变革的背景下，教师应该不断用自己的慧眼，发现生活与语文的结合点，让生活成为语文学习最生动和丰富的教材。

第二节　小学语文教学的"假"现象

一、教学立场"忽视儿童"

（一）忽视学生的主体性

教学是由教师的"教"和学生的"学"组成的双边活动。在传统的语文课堂中，教师的作用被过分强调，这意味着教师成为小学语文课堂教学活动的主导者，学生的主体地位因此被削弱，其自主性和话语权也无法得到体现。这个问题从根本上可以归咎于教师从备课开始，就企图按照自己的预设一步一步地实施教学，不给学生任何偏离预设的空间，所以学生一旦偏离了预设，教师就会马上把学生"牵"回来，形成"一言堂"的教学态势。整个教学活动成了教师的"独角戏"。很多刚刚走上讲台的年轻教师都会把这样的课堂教学奉为成功的课堂教学，因为在这样的课堂中，不仅不会出现他们意料之外的状况，而且可以保证自己在备课时预定的教学目标顺利达成。

《义务教育语文课程标准（2022年版）》指出，语文课程是一门学习国家通用语言文字运用的综合性、实践性课程。学生的语文能力是在实践中形成的，不是教师讲会的。而传统的语文课主要采用讲读课文的方法，它的基本特征就是以教师讲解为主，这种教学方法其实并不符合学生语文学习的规律。

伴随新课程改革的推进，尽管教师的教学思想有了一定程度的改善，但是，固有的传统教学思想依然根深蒂固。在传统课堂教学中，教师掌握着课堂的绝对话语权，具体教学操作往往也是教师一步一步牵着学生的鼻子走，主要的表现形式就是教师教和学生听。在确定教学内容时，教师应重点思考下列问题：

1. 这篇课文的教学价值是什么？文本在这堂课中有什么独特之处？

2. 应该怎样组织学生通过自主、合作、探究的方式研读文本，形成自己的阅读体验？

比如，有教师在教学《雾在哪里》一课，体会"雾是个怎样的孩子"时，为了完成自己的教学设计，就生搬硬套地直接给出"雾是个淘气、顽皮的孩子"。

出示句子：雾来到海上，说："现在我要把天空连同太阳一起藏起来。"

师：从这句话中你体会到雾是个什么样的孩子？

生：可爱的孩子。

师：再想一想。

生：大胆的孩子。

师：孩子们，这不是大胆。它来到海上居然想把天空和太阳一起藏起来，是不是个淘气、顽皮的孩子？让我们把这种淘气的感觉读出来。

课堂上，教师并没有尊重学生的自主阅读体验，而是把标准答案直接强加给学生，学生并没有体会到"雾的淘气"，老师也没有引导学生体会。为了完成教学设计而忽略学生的自主体验，缺乏教师启发和引导的过程，教师几乎都在"满堂灌"，听课的学生没有充分、独立的思考时间。久而久之，学生几乎就没有能力提出教师讲授内容之外更深刻的问题。因此，很难培养出学生的解题及应变能力，他们独立思考问题的能力就会十分薄弱，独立解决实际问题的能力也会十分缺乏。如果学生的思维一直跟着教师的教案走，总是与教师的思维保持一致，那我们将失去一个丰富多彩的课堂。在这样的情况下，作为学习主体的学生，在学习过程中只能沦为课堂的"陪衬"。

另外，有很多教师过度依赖多媒体，课堂上"声、光、电"齐上，把语文课上成了表演课、戏剧课。教学目标、教学内容被冷落，掠夺了学生钻研课文的时间和空间。此外，一些教师为了追求课堂气氛，盲目开展课堂活动，如让学生在课堂长时间聆听音乐、欣赏图片、无主题地讨论、脱离文本无目的地探究、在阅读教学结尾做"泛人文化"的读写结合等。这些课堂表面看着热闹，实际大多背离了语文的学科特点。

对此我们提出，应从学生的角度来确定教学内容，建立以学生为主体的课堂。在教学过程中，教师要把课堂归还给学生，鼓励学生之间多沟通交流，充分表达内心的观点，取长补短，共同进步。要时刻关注学生对所学内容的疑问、掌握情况和个性需要等。

(二)忽视学生的独特性

20 世纪 80 年代，"教师为主导"①的学说在语文界产生了广泛的影响。这一认知是由"教师中心""师道尊严"说衍生出来的，与"以生为本""学为中心"的人本主义教育观相抵触，成为当前语文课程改革"平等对话"理念的对立面。只要这样的"主导说"还在，学生的主体地位就名存实亡。要想语文新课程改革真正落实，必须清除一切阻碍师生"交往与对话"的思想障碍。王策三先生认为："在教学中应把'学为主体'与'教为主导'联系起来，必须坚持教师的主导和确定学生的主体地位，二者是辩证统一的。"②这说明了教师对学生的影响力，不是来自教育制度赋予的领导或教导地位，而是通过在教育活动中，在与学生平等的交往和对话中，教师展现较高的教育素养和丰富的专业知识。

《开满鲜花的小路》教学片段：

师：同学们，昨天我们已经学习了《开满鲜花的小路》这篇课文，现在老师请大家给生字自由组词并大声念出来。

学生准确地念出了词语。

师：同学们真棒，读得很大声、很整齐，表扬大家！

教师让学生给生字组词就到这里，接着给学生们讲练习。

这样的课堂教学令我们很惊讶，因为教师是让学生们自由组词，并没有让学生齐读，可是教师的话音刚落，学生就异口同声读出完全相同的词语。

明明每个字都可以组成很多不同的词，但学生们都选择了同一个。这应该是教师在课上做过统一要求的，所以学生们已经习惯了首先回答教师教过的标准答案，也很清楚什么时候该有什么样的反应。更令人担忧的是，教师没有进行补充，说明学生的表现已经达到了他的预设。

---

① 孙国林：《"教师为主导、学生为主体"教学原则的理论依据》，载《内蒙古教育》，2008(18)。

② 王策三：《论教师的主导作用和学生的主体地位》，载《新课程教学(电子版)》，2018(1)。

学生的独特性表现为个体生命具有唯一性、自我性，是不可重复、不可取代的。但受到工业化"批量生产模式"的影响，小学语文课堂中存在着过于强调标准化、模式化的情况。在我们的小学语文课堂中，同一个年级的教师，不根据教师情况，不结合学生实际，只是一味地统一教学内容，统一教学方法，统一教学进度，统一评价标准。这样很容易忽视教师的能力水平、个人优势、爱好和专长，教师成了教学的忠实的执行者。如此过分强调整齐划一的课堂教学，会使个体生命独特的棱角被磨平，个体生命的独特性和唯一性也无法体现。

在小学语文课堂中，以统一的标准要求学生的前提应该是假设每个学生都是一模一样的，比如他们具备相同的基础、学习能力和努力程度等。可是每一个生命都是独一无二的，即使是同一个人，在人生的不同阶段，见解和能力也会不同。在这样的情况下，我们能看到很多安静听话的"乖孩子"，却很少看到有生命力、有个性的优秀学生。统一标准之下，相当一部分学生必然会被"牺牲"，让他们不得不舍弃自己的独特性而去迎合统一的标准。教师应以承认和尊重每个学生生命的独特性为基石，致力于为发展生命的独特性创造更好的环境，以帮助学生发展和完善他们的生命，而不是去压抑和抹杀学生的个性。

二、教学目标"偏离语文"

教学是师生配合下开展的一种有目的、有计划的学习活动。教学目标是指通过有计划的教师教学指导以及学生学习活动，能够达成的教学效果。教学目标分类的理论众多，其中以 20 世纪 50 年代美国心理学家布卢姆的分类理论最为著名。他将整体目标细化为认知、情感、心理运动三个方面。① 随着大家对语文教学研究的不断深入，教学目标的精细化也得以完善。新课程理念下，课堂教学目标提出了知识与技能目标，过程与方法目标，情感、态度与价值观目标三个维度。三维教学目标深

---

① ［美］洛林·W. 安德森等：《布卢姆教育目标分类学》，蒋小平等译，北京，外语教学与研究出版社，2009。

受人们认同。

有效的教学，始于知道希望达到的目标是什么。[①] 在整个教学过程中，教学目标具有明确的导向性。它是一堂好课推进的"指南针"，是课堂教学的精髓，是评价教学效果的尺子。我们在开始课堂教学之前，必须做的第一件事就是梳理清楚这堂课的教学目标，这样才能不在网络资料的海洋中迷失前进的方向。

然而，在我们的语文课堂教学中，常常忽视了教学目标对于整个教学过程的重要意义。教师在撰写教学设计时往往急于求成，先从教学过程写起，忽略了教学目标的先导作用。这样一来，目标定歪了，就很容易把教学方向带偏，我们的教学过程也将会出现严重的虚假问题。不少年轻教师总想追求教学过程的新奇、有趣、有创意，而往往忽略了语文课堂的根本，忽略了学生进步的初心。有效的语文课堂需要我们努力做到围绕教学内容精准设置教学目标，回归教学本真。

日常教学中，具有代表性的虚假教学目标设定现象，主要有以下几种。

第一，教学目标制定得过于琐碎模糊。不少老师在进行教学设计时，都会像贴标签一样将"三维目标"一一列举，不做过多思考，过于形式化，并没有真正考虑清楚这三项目标之间的内在联系，更谈不上有机整合，显得十分琐碎。教学目标的表述也存在模糊不清的现象，如出现"让学生……""使学生……"这样的表述，从语法上说虽然没有问题，但忽略了教学目标应该是学生通过学习要达到的目标，而不是教师怎么做。

第二，教学目标制定脱离教材特点。目标设定不根据教材进行，只追求教学过程的新鲜、有趣、热闹，盲目模仿网络现成的教学设计，忽略语文课本身姓"语"这一语用特点，将语文课混淆为思政课、科学课。

---

① ［美］洛林·W. 安德森等：《布卢姆教育目标分类学》，蒋小平等译，北京，外语教学与研究出版社，2009。

例如，有教师在教学《在牛肚子里旅行》时，忽略了语言文字的训练点，把重点放在了科学知识的普及上，一味地讲解牛胃的科学知识。看似学生欢欢喜喜，课堂氛围热热闹闹，却活生生把语文课上成了一节科学课。这就造成了因为教学目标定位不准确，课堂呈现虚假学习的现象。

第三，教学目标制定脱离学生学情。在制定教学目标的时候，若是不认真考虑教师预期和学生学情，那制定出的教学目标就是无根之木、无源之水，这样空对空的教学必然是无法有效开展的。不预估学生已有的知识储备，就无法准确判断教师的设计有效性。在教学之前，教师必须明确地理清教学目标，围绕这个真实、有效的语文课程目标进行设计，扎扎实实教好语文。教学统编版小学语文六年级上册鲁迅单元，内容深奥难懂，仅仅让学生自己预习是不够的。因此，教师在课前设计预习单，提前发给学生进行有针对性的自主预习，这不仅有助于学生理解，而且有助于教师预知学情，故十分重要。

语文课堂就应该关注语言文字的运用，并以此来精准设定教学目标，指导教师真实地教，引导学生真实地学，踏踏实实回归教学的本真。

三、教学方法"花样繁出"

公开课为教师展示教学水平提供了舞台，也为教师交流教学经验创造了好机会。公开课水平的高低直接影响外界对一所学校甚至某个地方教育质量的评判，因此公开课已不仅仅是教师个人的教学或者教研行为，也是专家同行们教学智慧的凝结，更是某些学校领导教育意志的体现。

所以公开课中教师总是千方百计把最美好的一面展示出来，为了上好公开课，不乏参赛者"提前彩排"的现象，这不仅和真实的课堂背道而驰，而且在这近似完美的表演秀中，许多更深层次的问题被人为地隐藏起来了。

第一，语文课堂中多媒体等现代技术被广泛使用。随着科技的高速发展，学校的教学条件也相应地发生了巨大的变化，如今不再是一支粉笔一块黑板走遍天下，大多数教室都配备了多媒体等现代设备。在有些地方这些现代技术将语文课装扮得花枝招展：课堂不再有教师激昂的范读，取而代之的是名家的诵读视频；课堂中不再有教师绘声绘色的描述，取而代之的是网络的影视资源；课堂中也不再有教师朴素而美丽的板书，取而代之的是漂亮的多媒体投影。渐渐地，某些人心中认为没有使用多媒体的公开课不是公开课，课件做得好坏也成为公开课能否获奖的一个重要因素。而日常语文课也越来越依赖多媒体课件的使用。现代技术的确让语文课丰富多彩，但是过度使用，只会让学生感受一场热闹，实实在在的收获却寥寥无几。过多过滥地运用多媒体等现代技术必将会让语文课走向伪的一面。

第二，合作探究法流于形式。公开课中，教师常为了追求课堂的热闹、追求课堂的观赏性，一般都会安排合作探究这一环节。我们常见到这样的情形：学生捧着课本默读或者朗读，几分钟后教师就打断学生抛出一个甚至几个问题，几分钟后教师再次打断学生，让学生汇报讨论结果。试想，几分钟的时间学生能熟读课文吗？几分钟的讨论时间学生能深思熟虑吗？几分钟的时间学生能合作探究出什么吗？能站起来洋洋洒洒说上一段的学生几乎都是课前设计好的，而站起来能说上几句的也多是些肤浅的理解。这样的合作探究让语文课堂看起来热热闹闹，让学生看起来兴趣盎然，实则也只是热闹，对学生语文素养的提高并没有什么实质意义。合作探究浮于形式的语文课，实属伪语文课。

第三，设计华而不实的活动体验。严华银先生指出："目前国内公开课的主流课型是展示表演课，多为学生热热闹闹地活动，少有学生静思默想地阅读。"[①]"活动"这一理念来自杜威的"做中学"，初衷是让学生在活动中体验知识，在活动中建构知识。这一理念成为新课程改革的重要理念之一，在实际的教学中，活动被狭义地理解为把课堂还给学生，把学习的主动权还给学生，活动就变成了让学生尽情地表演、尽情地展示。

---

① 严华银：《回归真实：语文课堂教学的一条出路》，载《中学语文教学》，2011(4)。

第三节　语文教学的"真"追求

一、追求真实的课堂

什么是真实的语文？真实的语文就是要把培养和提高学生正确理解和运用祖国语言文字能力作为根本任务，教学的目标与内容都必须聚焦于祖国语言文字的运用，教学的各种举措和行为都应该指向这个核心。语文的核心是语言，语言不仅仅是表达的符号，在其背后，更是一种思维的方式。所以在教学时，就是要紧扣文本，对学生进行扎实有效的语言文字训练，引导学生不仅要关注文字表面的意思，而且要关注文字背后的内涵。

真实的语文就是对学生进行语言文字训练，要求学的是字词句篇，练的是听说读写。这里仍强调练，不过练要有方法。叶圣陶老先生曾说："所谓训练，当然不只是教学生拿起书来读，提起笔来写……怎样阅读才可以明白通晓，摄其精英，怎样写作才可以清楚畅达，表其情意，都得让学生们心知其故。"[①]

简单来说，真实的语文要做到心知其故、读写一体。心知其故实则就是掌握规律，讲求方法。针对当前阅读与表达失衡的现状，教学倡导构建理解与表达并重的课程体系，将阅读教学指向写作，做到方法迁移，读写一体，读写结合。

如统编版小学语文四年级上册第五单元习作指导《学写导游词》，如果教师生硬地介绍导游词怎么写，光有这些技术上的指导，学生没有深刻的体验，必定写不好。在一次全国大赛上，一名教师首先巧妙地出示两段文字作比较。

文字一：《赵州桥》的选段

这座桥不但坚固，而且美观。桥面两侧有石栏，栏板上雕刻精美的

---

① 叶圣陶：《国文教学的两个基本观念》，载《教育：综合视线（上旬）》，2009(2)。

图案：有的刻着两条相互缠绕的龙，嘴里吐出美丽的水花；有的刻着两条飞龙，前爪相互抵着，各自回首遥望；还有的刻着双龙戏珠，所有的龙似乎都在游动，真像活了一样。

文字二：赵州桥这一景点的导游讲解词

欢迎各位游客来到赵州桥参观游览，我们首先欣赏栏板上精美的图案。大家看到了什么？对，是龙，一条条栩栩如生的龙！

请大家跟随我的脚步来细细观赏。大家看这两条龙，相互缠绕，嘴里吐着水花，人们叫它缠缠绵绵；这一边是飞龙在天，你们看，两条龙前爪相互抵着，各自回首遥望；这一边就是大家熟悉的双龙戏珠。

教师引导学生仔细看，这些龙都有什么特点？它们都是四爪的，尾巴细长，没有鳞片，身体短而有力，这就是赵州桥龙的特点，你们看所有的龙都雕刻得太逼真了，像活的一样。然后，小组合作学习、探究交流两段文字的异同。通过朗读、比较、分析，学生们一下子了解了导游词的特点：

1. 导游词注重跟游客的互动与交流，如开头的问好、结尾的提示以及中间的互动等。

2. 介绍时语言要简单明白，让人容易听懂。

3. 不仅讲解风光，而且要做相关知识、典故或传说的介绍。

学生掌握了导游词特点之后，教师让学生自主选择景点进行习作操练。随后，自改互评，推荐到班级展示，师生共评共改，目标达成度极高。而最主要的功劳在于对两段文字的对比赏析，相同点是什么？不同点又是什么？一下子切中了导游词的要点。知道了如何写导游词，学生们也知其故，再依照这样的规律，自然能迁移运用。

再如统编版小学语文五年级上册习作单元中《鲸》一课的教学，是指向表达的科学小品文的教学。语文教师要始终牢记，通过科学小品文教学提升语文素养，必须注重言语实践，必须让学生在了解内容、品味语言中提高语文素养，从语文学习中获得美的享受，可千万别去抢科学老师的饭碗。因此，在教学中，体会科学小品文的表达方法、语言的准确规范才是本课教学的本。

师：老师发现，为了把事物"说明白"，大家都用到了这 4 种常用的说明方法。那么，是不是只要用上了就一定能够说明白呢？

生：不一定。

师：怎样"恰当使用"呢？习作例文《鲸》可以给我们启发。预习时大家借助着课后题和批注，找出使用了说明方法的句子。

出示课文：

不少人看到过象，都说象是很大的动物。其实还有比象大得多的动物，那就是鲸。

师进行引导：请学生齐读这个"作比较"的句子。

师：大的动物有很多，作者为什么不用其他动物作比较？

生：因为大象是我们常见的动物。

师：所以，可以选什么样的事物作比较？

生：要选用我们常见的事物进行比较。（相机板书：熟悉）

师：那咱们把"象"换成"大型陆生动物"，好不好？

生：不好，因为我们不知道"大型陆生动物"到底是什么。

师：所以，我们要选择什么样的事物作比较？（相机板书：具体）

教师最后设计点评，因为熟悉，所以易懂；越容易让学生明白，就越恰当。使学生明白恰当地使用说明方法，学生的确不容易掌握，当教师对学情有了解后，就以习作例文为学习工具和支架来突破教学的重点和难点，促进学生习作能力的进阶发展。

教学的基本原理告诉我们，教师的教要基于学生的学，教的目的也是为了学生的学。因此，真实的语文首先就是要以学生为本，引导学生真学语文，支持学生真实成长，尊重学生真我发展。真实的语文要在教育中返璞归真，溯真之源。教育的真是什么？卢梭说："教育要适应儿童天性的发展。"杜威鲜明地强调"教育即生长"，重点是儿童之于个人生活世界的主体性生长，就是"要使每个人的天性和与生俱来的能力得到健康生长……"。因此，就需要让每一个学生从走进教室到走出教室，在语文素养和品行道德方面都有真实的提高。教师要真正关注每一个学生的成长，对学生不断地鼓励、帮助和激发，以促进学生的真实成长。

去伪存真，求真之魂。《汉书》说："真者，自然之道也。"因此，课堂中只有学生发生真正的学习，才会有教学的高效率、高效果与高质量。正因为如此，促进和实现学生在课堂真正的学习，就是教师的课堂责任与价值所在。对语文教师而言，学会尊重学生，宽容地对待学生，鼓励学生发表自己的真实想法，珍惜学生独特的思想，这不仅仅是教学艺术，更是教师的职业道德和职业修养；珍惜学生的独特和创新，鼓励学生敢于与众不同，甚至力排众议，标新立异，因为独特中往往蕴含着创新。真实的语文就应该重视学生的自我感悟和自我体验。

二、追求真实的学生

学生是学习的主体。教学目标、教学内容的确定，教学方法的选择，都要遵循学生的学情，要以促进学生知识增长和能力提高为原则，在以学生为中心的基础上提升学生听、说、读、写的能力。同时，教学活动应当是"教"和"学"一体化的活动，是教师和学生双方共同建构的活动。若教师全权代替或过于强化自己的影响力，对学生来说，这样的学习就不属于自己。

语文课程与其他课程相比，更具丰富性和形象性，更易引发儿童的多元感受。但纵观我们的小学语文课堂，教师的灌输教学模式代替了学生的思维活动，学生已经习惯于被动接受现成的答案，而没有能够在学习过程中积极开动脑筋进行自主学习、自主探究，从而制约了学习能力的发展，久而久之，学生也就没有能够在学习活动中养成协作探究的良好习惯。

当前，受教学评价的局限，许多教师不同程度地存在"重知识，轻能力"的问题，常常习惯于从字、词入手到课文内容的精细讲解，从讲、问方式到依据教师的指令读和答，满足于常规的内容讲解和琐碎分析。学生往往在教师的无数个问题牵引下，机械应答，学生没有主动参与、主动学习，学生的学荡然无存。

我以近期所听课《为中华之崛起而读书》为例，谈谈自己的看法。

《为中华之崛起而读书》是统编版小学语文四年级上册第七单元的课文，整个单元以"家国情怀"为主题，单元的语文要素是"关注主要人物和事件，学习把握文章的主要内容"。《为中华之崛起而读书》一课侧重引导学生通过先弄清每件事情讲了什么，再把几件事情连起来的方式把握文章的主要内容。

教学时，授课教师先导入课题后，直接声情并茂地讲述，"新学年开始了，修身课上，奉天东关模范学校的魏校长向学生们提出了一个严肃的问题：'你们为什么而读书?'"，接着直接在课件中出示"严肃"一词，并引导学生学习"肃"字并书写。

我认为，此环节的设计直接忽略了学生对课文学习的规律，没有引导学生对课文进行初读，缺乏对文本的整体感知。而是因为预设"肃"是本课识字的难点，就先入为主地让学生单独地学习这个字，忽略了对字或者词的理解是离不开具体的语境的，这个环节就是为了教知识而设计的。

教师在要求学生默读课文以后，立即要求学生"想想课文讲了哪几件事，说清楚每件事讲了什么"。这是课后习题第一题的训练要求，也和本单元的语文要素"关注主要人物和事件，学习把握文章的主要内容"相关，同时也是本课教学的重点和难点。岂料，教师在给出问题的同时，给出一张表格，此表格的第一行就非常明确地标明时间、地点、人物、事件，且表格可供填写的部分仅仅只有 3 行，还在下面直接注明"主要人物＋事件"。学生在表格的指引下迅速找出课文只有 3 件事，并找到了每件事的时间、地点、人物……

其实，本课的重点和难点就在于此，而授课教师的处理显得简单而粗暴，预设学生找不出来几件事，直接给个表格予以提示。这种教学，知识的教授是由教师单线条地直接给学生，缺乏学生自主的体验，缺乏对学生进行阅读能力的训练。

怎样引导学生找到课文中的几件事并且能说清楚每件事讲了什么

呢？我认为还不如大胆让学生自己去找，自己去说，可能答案不够标准，会多于或少于3件事情，但在学生交流汇报以后，找到其中相同的一个事例，让学生弄清楚为什么这个事例大家意见如此统一。经过讨论，学生会发现因为这件事情的时间、地点、人物等因素非常清晰，不会和其他事件混淆。然后，我们就可以让学生抓住这个宝贵的经验，再去读文，看看能不能把同一时间、同一地点和相同人物发生的事情归为一件事情。学生通过自身的学习体验，自己总结了方法，再用此方法去指导自己的学习。通过再次默读，学生会有很多新的意见，当他们发现之前分散开来的几件事都可以用时间、地点、人物统归为一件事时，往往会兴奋异常，觉得自己收获满满。这样的阅读能力训练建立在学生的自主体验之上，这样的能力训练才是真实有效的，这样的知识获得才是深刻的。

追求真实的学生，就是要始终站在学生的立场去解读文本，了解学情，在学生"学"的基础上因"材"施教，而这个"材"就是学情。尊重学生的学习需求，为学生选择最适合的教学内容、最恰当的教学方法和策略，才能保障每个学生既能学有所获，又能跳一跳摘到果子，有真实的学习体验。

三、追求真实的学习

当下语文教学必须从以教师讲解为主的误区中走出来，强调学生的语文实践活动。语文课主要不是研究教师怎么讲，而应该研究如何设计有效的活动组织学生去实践，在实践活动中提高学生的语文能力。教师在设计教学活动时，要努力把"以教师讲述为主"的设计，改变成"以学生学习活动为主"的教学活动设计，增加课堂中学生语文实践活动的机会。比如统编版小学语文一年级上册第一单元《天地人》这一课教学"人"这个生字，有教师设计的教学活动是给"人"字找朋友。

师：我说男人。

生：我对女人。

师：我说好人。

生：我对坏人。

还可对：大人、小人；白人、黑人；中国人、外国人……

用师生对答的方式来认读巩固生字的读音，同时通过生字组词，扩展学生词汇。

这一课教师还设计了两个运用"你我他"三个生字的活动：

活动设计一：借助"你我他"，介绍彼此姓名。

活动设计二：借助"你我他"，介绍彼此关系。

教师和两名学生先一起示范，轮流介绍"我是某某某，你是我的老师，他是我的同学"，然后要求学生模拟角色（准备爸爸妈妈的头饰），请小朋友用"我"的身份来介绍。

重视学生学习活动的设计，可以变以教师教为主的语文课堂为以学生学为主的语文课堂，最大限度地引导学生参与学习，发挥学生学习的主动性和积极性，让学生在亲身参与的活动中提高听、说、读、写能力，增加学生的获得感，从而激发他们学习语文的兴趣和动机。

在真学语文上，学习是真正发生的，不是学生在学习上顺着教师的思路顺利完成学习任务，而是在学习中不断尝试，自主探究，不停地有矛盾冲突，有问题提出。真学语文课堂是以灵活运用为要，学生可以真正学到方法策略并能够举一反三、灵活运用的课堂。为了达到这个目的，教师在执教时，就应该做到在恰当的时机帮助和引导学生自主总结和提炼方法，并为他们创造实践机会，促使其加以应用解决新的问题。

比如在《司马光》这节课上，先让同桌自己尝试着理解文章的意思，在交流汇报的过程中，教师及时捕捉、提炼学生在理解文言文时的方法：借助注释，图文对照，组词换词等。让学生尝试用上这些方法，再次解释不理解的语句。如果在使用方法时感到困难，教师则带着学生选择方法、使用方法。因为这节课的教学方法注重授人以渔，举一反三，所以学生学习是真实发生的，是看得见、摸得着的，能让听课者感受到学生的眼睛受智慧启迪发亮，凝神静思，神情专注，一只只手臂高高举起。学生在情感上有兴趣，认同教师和同学的观点，才能积极主动获取知识。

第二章

展现真实的
语文学科

第一节　语文学科的特性

一、语文的内涵与要义

对于语文的解释，叶圣陶先生在给友人的信中回忆道："'语文'一名，始用于一九四九年华北人民政府教科书编审委员会选用中小学课本之时。前此中学称'国文'，小学称'国语'，至是乃统而一之。彼时同人之意，以为口头为'语'，书面为'文'，文本于语，不可偏指，故合言之。亦见此学科'听''说''读''写'宜并重，诵习课本，练习作文，固为读写之事，而苟忽于听说，不注意训练，则读写之成效亦将减损。""语文"既作为课程名称，又作为教材名称，其基本内容包括听、说、读、写的训练。1950 年 6 月，国家出版总署编审局编辑出版了全国统一的以"语文"命名的教材。这套教材的《编辑大意》指出："说出来的是语言，写出来的是文章，文章依据语言，'语'和'文'是分不开的。语文教学应该包括听话、说话、阅读、写作四项。因此，这套课本不再用'国文'或'国语'的旧名称，改称'语文课本'。"无论是以"语文"作为课程名称，还是以"语文"作为教材名称，其基本思想似乎都可以明确表述为："语文"即"语言"，包括"口头语言"（语）和"书面语言"（文）。叶圣陶指出，什么叫语文？语文就是语言，就是平常说的话。嘴里说的话叫口头语言，写在纸面上的叫书面语言。语就是口头语言，文就是书面语言。把口头语言和书面语言连在一起说，就叫语文。[1]

《义务教育语文课程标准（2022 年版）》中对语文课程有这样的表述：工具性与人文性的统一，是语文课程的基本特点。语文课程应引导学生热爱国家通用语言文字，在真实的语言运用情境中，通过积极的语言实践，积累语言经验，体会语言文字的特点和运用规律，培养语言文字运用能力；同时，发展思维能力，提升思维品质，形成自觉的审美意识，

---

[1]　叶圣陶：《叶圣陶语文教育论集》，北京，教育科学出版社，1980。

培养高雅的审美情趣，积淀丰厚的文化底蕴，继承和弘扬中华优秀传统文化、革命文化、社会主义先进文化，增强对习近平新时代中国特色社会主义思想的理解和认识，全面提升核心素养。[①] 我认为，语文的内涵体现在以下几方面。

1. 语文包含了人文性与工具性

语文教学作为母语教学，其基础性、工具性、人文性决定了它的重要地位。小学阶段的语文教学，更是基础中的基础，其重要性不言而喻。语文，顾名思义，是"语"和"文"的融合，即语中有文，文中有语，互为依存；语为言，言需听和说；文为字，字要读和写。但语文不仅仅是语言文字，更有语言所承载的文化、文学、文明之意，需要赏析，需要感知，需要觉悟。基于这样的理解，我们就需要引导学生真正去学习语文，不仅要关注字词、文体、含义等本体表征，更要在意感悟、理解、体会、应用等价值特征。语文课堂就是将语与文、词与句、义与意、情与感有机融为一体，教学过程中师生该说就说，该读就读，该写就写，该练就练，该议就议，该悟就悟，不断促使学生用语文的方式学习语文，增强学生对语文的感知与理解，有理又有情。通过语言学习，学生既能了解我国悠久的历史文化，又能继承和发扬我国优秀的传统文化。

例如，在执教统编版小学语文四年级上册《王戎不取道旁李》这一课时，开课伊始，教师就引导学生用"字源识字"的方法，在直观理解"戎"字的来源及如何把字书写美观的基础上，书写记忆生字。再通过看注释，让学生知道王戎是"竹林七贤"之一，为后文理解王戎聪慧多智的形象做了铺垫，并且也告诉了学生从注释中不仅能获得字词的解释，而且能让我们了解到文学常识。

这个片段的教学就是告诉我们语文教学不仅要关注字词的理解，而且要关注文化的传承，要注重挖掘教材中的文化内涵，提高学生的文化

[①] 中华人民共和国教育部：《义务教育语文课程标准（2022 年版）》，北京，北京师范大学出版社，2022。

素养，培养学生的人文精神。

又如统编版小学语文五年级下册《杨氏之子》一课的教学，为了让学生体会到祖国语言的风趣幽默，教师做了如下的设计。

师：请同学们思考一下，这篇文言文是围绕着哪句话来写的？找一找从哪里可以看出杨氏之子甚聪慧？

生1：课文是围绕"梁国杨氏子九岁，甚聪慧"这句来写的。

生2：从课文中杨氏子听到孔君平的话马上就能做出回答，可以看出他很聪明。

生3：还有他能够听出来孔君平是和他开玩笑，并马上由孔君平的姓联想到孔雀，立刻做出反应，回答孔君平的问题。

师：南宋诗人、哲学家朱熹提出了"循序而渐进，熟读而精思"的读书方法。请同学们再细细地读，一边读一边思考，杨氏之子的回答妙在哪里？可以在书上作批注。

生1：杨氏子回答得很快。

师：从这里可以看出杨氏子甚聪慧，你看看从哪里可以看出他的回答很妙，可以和同桌讨论讨论。

生2：从"未闻"一词可以看出，因为杨氏子没有直接说出来孔雀是孔君平家的鸟，而是说"从来没有听说过"，说得就比较好听。

生3：我还从"夫子"一词看出杨氏子很有礼貌，很尊敬长者。

生4：我也是从"未闻"一词，看出杨氏子说话很委婉，回答很巧妙。

这个单元的训练重点是让学生"感受语言的艺术"。在教学中，教师让学生借助对人物语言的揣摩，由表及里、由浅入深地感受杨氏之子的风趣和机智、幽默与委婉，从而让学生懂得语言的艺术来自于智慧。这就是我们平常所说的"说话要讲究艺术"，同样的意思，用不同的方式讲，会达到不同的效果。

师：如果来者是梅君平、黄君平，杨氏子又会如何回答呢？谁来替他回答？

梅指以示儿曰："此是君家果。"儿应声答曰："_____。"

黄指以示儿曰："此是君家果。"儿应声答曰："_____。"

生1：儿应声答曰："未闻梅花是夫子家花。"

生2：儿应声答曰："未闻梅子是夫子家果。"

生3：儿应声答曰："未闻梅花鹿是夫子家兽。"

生4：儿应声答曰："未闻黄河是夫子家河。"

生5：儿应声答曰："未闻黄金是夫子家矿。"

……

文言文教学既要避免忽略语言的表达形式，又要避免过于挖掘人文内涵。在体会杨氏之子聪慧的环节，教师让学生仿创"未闻孔雀是夫子家禽"的句式训练，使学生在笑声朗朗之中应声而答，体会文言文语言的精妙。这样，既迁移运用了这一语言表达形式，又真正让文言文阅读能力在语言文字运用的土壤中结出了绚丽之花，真正体现了人文性与工具性的统一。

2. 语文包含了语言训练和思维训练

早在两千多年前孔子就说过："学而不思则罔，思而不学则殆。"语言学习离不开思维发展，真学语文与思维发展的关系尤为重要。小学语文课堂实现真学课堂，教师需要引导学生去真读、真学，给予学生思维发展的空间，鼓励学生进行个性化的阅读，培养学生的创新能力，让他们在小学语文的课堂上绽放光彩。在教学过程中，教师根据教学目标，要善于不断开启学生思维的门扉，引导他们发挥聪明才智。

例如《王戎不取道旁李》一课中，课后有这样一道习题：为什么"树在道边而多子，此必苦李"？这个问题带给学生一个思维力生长的绝佳时机。学生理解了这个问题，就意味着能将王戎的思维过程还原，进而很好地感受王戎聪慧的品质。这也是本课的一个教学难点，学生回答这个问题时，往往不知从何说起，想要表达却又说不清楚。教师怎样带领学生还原思维过程，并清晰地表达出来呢？当学生的思维和表达遇到阻碍的时候，教师借用简易的思维导图来辅助学生呈现王戎思考推理的过程：李树多子→人们不摘→此必苦李。有了图示的帮助，学生的思维过程就明朗了，语言表达也清晰了。一个学生说："树在道边而多子，说明人们不去摘它的果实；人们之所以不去摘它的果实，是因为李子是苦的。所以王戎认为，树在道边而多子，此必苦李。"这样的过程呈现，打通了李子数量与味道之间的思维通道，使看不见的思维过程可视化。

通过上面的课例，我们发现语文的任务不仅仅是让学生学会字词的理解，更重要的是要给学生打下思维能力和语言能力的基础。于漪教授也说过，语文教学的核心是从学生实际出发，按照教学大纲的要求，对学生进行语言训练。教师在对学生进行语言训练的同时，必须大力发展学生的思维能力。① 可见，语文就是以语言为工具进行思维和表达的学科。

3. 语文包含了口语训练和书面训练

统编教材的编写非常注重对学生能力的培养，特别是语言能力的培养。我们之前的教材，在教学时，学生在读和说的训练上，老师都喜欢对学生说"用上你喜欢的方式来读课文，来进行表达"，仿佛只有这样才能体现学生学习的自主性。但是现在我们就发现，统编教材非常注重学生语言规范地表达。例如，一年级上册《四季》一课的课后习题："你喜欢哪个季节？仿照着课文说一说"，通过这个习题，我们发现：语文教学中，我们就是要对学生进行规范的语言表达训练。如何规范地进行表达呢？我们可以从仿说开始。为了让学生会说、说规范，教师就需要进一步引导学生朗读课文。在熟读课文的基础上，学生就会发现，课文第一节是这样写的："草芽尖尖，他对小鸟说：'我是春天。'"草芽是事物，尖尖是事物的特点，小草到了春天才会发芽，所以学生明白课文是怎么写的，就会自己造句："柳叶长长，他对小鸟说：'我是春天……'"当学生会表达了、会规范地表达了，那么也就会规范地用书面语进行表达了。

---

① 于漪：《我和语文教学》，北京，人民教育出版社，2003。

为降低小学阶段写作的难度，《义务教育语文课程标准（2022 年版）》关于写作，第一学段称为"写话"，第二和第三学段都称为"习作"。传统的写作理念认为，写作应该从写"大胆文"起步，逐渐过渡到写"小心文"，即在学习写作的初始阶段，不要强调框框套套，让孩子大胆去写。正如教幼儿走路，首先要让他有敢于迈步的勇气，然后再给予帮扶，逐渐由扶到放，达到会走。中年级以后学生习作，重在鼓励其自由表达，不拘形式地写出自己的见闻、感受和想象中的事物。

为了让学生走好从说到写的这段路，统编教材在编排上独具匠心。在课后习题中安排了仿说，再到仿写，就是要在小学阶段，让学生通过听、说、读、写的言语实践，遵循并掌握语言的规律，正确地表情达意，表达正确的语言。

二、语文学科的特性

《义务教育语文课程标准（2022 年版）》明确指出，语文课程是一门学习国家通用语言文字运用的综合性、实践性课程。工具性与人文性的统一，是语文课程的基本特点。[①] 在语文课程改革的探索与实践中，语文教师都在寻求一种有效的课堂教学模式，希望能够提高课堂教学的效率，与"高耗低效"说再见。那么，语文课堂教学的价值就体现在教学中，既要将语文知识与能力这一显性目标内化为学生自身的需求，又要能将过程、方法、情感、态度与价值观等隐性目标渗透在提高学习效率的实践活动中，成为学生自身的感悟，使语文的工具性与人文性融合于一体。这样的语文课堂教学才具有真正意义上的价值。

1. 教学目标具有整合性

新课程改革后，小学语文课堂更加注重培养学生的综合语文素质。要求学生具有扎实的基础知识及其应用能力，重视教学过程与教学方法，强调培养学生正确的情感态度和价值观。课程标准也将多种教学目

---

① 中华人民共和国教育部：《义务教育语文课程标准（2022 年版）》，北京，北京师范大学出版社，2022。

标有机地结合在一起，要求通过课堂教学全面培养小学生的语文素养。

2. 教学内容具有开放性

在新课程理念的指导下，小学语文课堂的教学内容走开放式路线。简单地说，就是从小学生的认识结构和认知需要出发，以教学目标为中心，积极向外拓展，引进与语文教学内容相关的信息，为学习语文知识、能力与技巧的训练、体验情感教育搭设桥梁，创建高效率的教学课堂，最后实现教学目标。

3. 教学方式具有互动性

在小学语文的教学过程中，课堂再也不是教师一个人的舞台，再也不是一言堂。在情感教育的指导下，要求课堂更加体现学生教学主体的地位。课堂上无论采用探究性学习，还是合作性学习形式，呈现出来的教学氛围都应是和谐与平等的。师生在良好的互动氛围中分享彼此的观点与思想，激发学生的学习兴趣和参与热情。

4. 教学过程具有活动性

走进小学语文课堂，发现课堂呈现出来的状态更加活跃，课堂教学活动更加生动。教学内容的设计不再局限于读一读、写一写、说一说，逐步扩展为演一演、做一做等诸多形式。由于小学阶段的学生还很活泼好动，如果只是单纯地让他们读、写、说，可能达不到较好的教学效果。这就需要教师根据小学生的认识规律和知识水平，采取多种多样的教学活动向学生传递语文知识，使学生在丰富精彩的教学活动中将知识融会贯通。

5. 教学形式具有灵活性

在小学语文教学大纲的要求下，为了实现教学目标，有效地传达教学内容，小学语文课堂的教学形式应该更加多种多样。教师从教学目标和教学内容出发，结合小学生的实际情况，组织学生运用自主探究、问题设置、合作交流等学习方式进行学习。教师不仅在课上积极组织讨论，而且采取课外学习等教学方式，教学形式显得更加具有灵活性。

总之，《义务教育语文课程标准（2022 年版）》在给语文学科定性时，除了继续突出语文的交际工具性之外，更强调语文的人文性，语文的内涵进一步拓展了，明确提出："工具性与人文性的统一，是语文课程的基本特点。"

三、从语文学科特性看语文教学

1. 实践中的工具性和人文性不可分割

叶圣陶指出，语文是工具。自然科学方面的天文、地理、生物、数、理、化，社会科学方面的文、史、哲、经，学习、表达和交流都要使用这个工具。[①] 语文在组织社会生活，维护社会的存在和发展方面，实现着跨时空的交际，从远古先人到子孙后代，从个人之间扩展到世界范围。语文作为负载思维和想象的工具，思维活动不借助内部语言和外部语言的"物质外壳"就难以进行，人的联想和想象也是通过词语作触媒才生发和展开的。一个人的思维、想象能力与他的语言驾驭能力总是成正比。工具性与人文性的统一，是语文课程的基本特点，这已经在第一部分详细阐述论证。实践证明，语文教育需要二者并重，不可分割，才能提高学习者的语文素养。

现实工作中，工具性功能与人文性功能的有机统一是有条件的。一方面，语文的工具性，致力于培养以学习运用祖国语言文字为核心的语文素养，特别是养成以基础阅读能力和基础写作能力为主体的基础语文素养。工具性是语文学科的专责。语文的工具性功能不仅是社会功能和其他科目功能无法替代的，而且社会生活阅读与写作以及其他领域的学科阅读和学科写作也是以语文学科的基础阅读能力和基础写作能力为前提条件而发展的。所以，语文教学的首要任务是实现语文学科的工具性功能，即培养学生的基础阅读能力和基础写作能力。另一方面，语文的人文性，致力于体现语文学习的人文内涵。也就是说，人文性功能与工具性功能的实现过程是同时的，并且互为条件。因为语文素养的养成，特别是基础阅读和基础写作能力的培养，是通过体现特定价值取向的课

---

① 叶圣陶：《叶圣陶语文教育论集》，北京，教育科学出版社，1980。

程内容即具体物化的语言文字材料为载体而实现的。这种具有优秀人文内涵的语文材料，是精选出来的文化成果，是语文素养养成的优质载体和优化途径，所以学生在获得基础语文能力的同时，也获得了语言文字材料承载和蕴含的具体人文内涵。

在教学中创设具有趣味性和真实性的情境，能够有效提高学生的课堂参与度。其中，工作室何丽芬老师执教的统编版小学语文二年级下册识字 4《中国美食》让我印象尤为深刻。

师：同学们，欢迎来到何老师的美食小店！今天店里有一场美食大比拼，大家想参加吗？这些美食就藏在识字 4《中国美食》里，现在我们就一起走进识字 4《中国美食》，拼厨艺、尝美食吧！

师：食材关。（分类出示食材：菠菜、茄子、葱、蘑菇；鸡、鸭、鱼、羊肉、豆腐；饺子、饭、粥等三类食材）认识并读好词语。

师：烹饪关。请同学们默读美食名单，圈出凉拌、烧、烤、炖、炸、爆、煮、煎、蒸等烹饪方法。

师：品尝美食。（出示美食图片）这是哪道美食呢？借助识字语文园地中的词语说一说自己喜欢吃的食物的味道。

师：写菜单。你们能帮忙写菜单吗？那就要先学会写这几个生字。
（出示：烧、烤、炒、鸡、鸭等生字）

学生书写学习单，老师相机指导书写。

《义务教育语文课程标准（2022 年版）》中明确指出教学应做到：根据学生的年龄特点和认知规律，紧密联系学生的生活实际，结合识字内容，选择适宜的学习主题，创设学习情境；激发学生识字、写字、诵读、积累、探究的兴趣。[①] 何老师教学情境的创设有效地激发了学生的学习兴趣，提高了学生学习的参与度，为学生掌握教学内容打下了坚实的基础。

（1）创设了具有趣味性的教学情境，让学生学得轻松

何丽芬老师的识字教学《中国美食》内容贴近生活实际，在生活中容

---

① 中华人民共和国教育部：《义务教育语文课程标准（2022 年版）》，北京，北京师范大学出版社，2022。

易找到教学内容的源头。但如果简单地处理为结合生活实际来识字，学生难免会觉得枯燥乏味。何老师别出心裁地将整堂课设计为"美食小店"开张，精心设计了选择食材、烹饪、品尝、写菜单等系列闯关活动，通过情境的创设有效地串联起了学生识字过程中的"认—读—说—写"这一学习过程。整堂课把情境教学贯穿始终，让学生在充满趣味性的学习情境中轻松掌握学习内容，达到了教学目标。

（2）创设了具有挑战性的教学情境，提升学习要求

在闯关情境的"烹饪关"中，何老师让学生默读美食名单，在圈出烹饪方法的基础上带领学生探寻生字规律，并适度拓展学习内容。既教给学生知识，做到了"多认"，又传授学生识字的方法，能够"会认"。

（3）创设了实用性的情境氛围，让学生学有所用

《义务教育语文课程标准（2022年版）》中提出，识字与写字是阅读和写作的基础，是第一学段的教学重点，也是贯穿整个义务教育阶段的重要教学内容。识字与写字教学应结合学生的生活经验，采用形象直观的教学手段，创设丰富多彩的学习情境，综合运用随文识字、集中识字、注音识字、字理识字等多种识字方法，逐步发展学生的识字、写字能力。[①] 在"写菜单"的情境中，何老师创设了"你们能帮忙写菜单吗？那就要先学会写这几个生字"这一贴近生活实际且具有实用性的情境，指向本节识字课教学的另一个重点目标——"写"。让学生带着明确的任务来书写生字，做到了"识"与"用"相结合。

工具性与人文性相统一，可使学生的语言能力和思想感情都得到提升，使语文素养真正地落实。二者的统一，才能真正促进语文教育的全面提高。

2. 语文课程需要科学地融合综合性和实践性

教育学家华特·科勒涅曾说过："语文学习的外延必须与生活的外延相等。"这说明语文学习的外延和生活的外延一样宽广，同时也深刻说

---

① 中华人民共和国教育部：《义务教育语文课程标准（2022年版）》，北京，北京师范大学出版社，2022。

明语文教育与生活息息相关。语文是一门实践性较强的学科，华特·科勒涅的话极其简单但又非常直接地揭示了语文学科的综合性和实践性，从而实现语文学科的教学价值。

语文的综合性主要体现在语文能力及其培养过程的综合性上，体现在语文能力的构成是综合的，除听、说、读、写能力外，还包含范围更广的语文素养。语文能力是一种实践能力，而这种能力应当通过实践的途径、在运用语言文字的过程中逐步培养起来。同时，语文知识转化为语文能力也是在运用语言文字的具体实践过程中不断发展的。语文实践活动应是丰富多彩的，具有综合性的特点。语文教育要以学生实践活动为主，目的应是学生在各种语文实践中体会、把握运用语文的规律，吸收文化成果，不断提升自身语文能力和整体语文素养。

以上是我对语文学科特性和语文教育教学规律方法的分析和认识。语文学科的工具性在语文教学的当下和未来都需要，是稳定和连续的。语文的人文性相对来说有一定的变化性。失去工具性的人文性是虚假的、无根的工具性与人文性的叠加耦合，语文的教学过程更有活力，更贴近社会发展的需要和时代进步的要求。从这个意义上讲，语文素养正是工具性与人文性统一的结晶。作为当代一线语文教师，必须将语文课程科学融合其综合性和实践性，真正贯彻落实全面提高学生语文素养、充分发挥语文课程育人功能的新课标要求。

第二节　语文教学的基本特征

陶行知曾经说过，千教万教教人求真，千学万学学做真人。[①] 求真，就是教育要尊重规律，崇尚科学，追求真知，坚持真理，真实诚信，追求真才实学。真者，精诚之至也。不精不诚，不能动人。做人如此，教育也如此。

---

① 胡晓风等：《陶行知教育文集》，成都，四川教育出版社，2007。

作为一名语文教师，你是否也常常在思考：

语文学习的核心目标是什么？

语文学习的本真追求在哪里？

语文学习的主体地位该如何落实？

……

面对博大精深的语言文字，探究语文教学的根本目标，作为一线的教师就要在教学上真追求，引导学生真学语文。

一、语文知识教学

新课程的核心理念是："一切为了学生的发展，一切为了学生而服务。"在语文教学中，必须尊重学生的主体地位，发挥学生在课堂上的主体作用。旨在引导学生掌握语文学习的方法，培养学生听、说、读写等语文综合能力，让学生成为语文学习的主体，写真文、说真话、诉真情、做真人，为学生终身学习和未来发展打下良好而坚实的基础。语文教学的核心理念是教学要在"返璞归真"的思想指导下，以激发学生语文学习的兴趣、提高学生的语文素养为目标，立足学生各方面的发展需求，并不断追求更加纯粹和完整的语文课堂教学。具体而言，对文本正确的整体把握是真学语文的前提，对语言真实的潜心涵泳是真学语文的根本，对教学真挚的情感投入是真学语文的基础，对知识真正的灵活运用是真学语文的目的。

在课程标准中对小学生必须掌握的语文知识从"识字与写字""阅读""写作"三个方面做了非常具体的说明。识字与写字：小学第一学段"两会"的汉字 1800 个，"三会"的汉字 800 个；第二学段"两会"的汉字 2500 个，"三会"的汉字 2000 个；第三学段"两会"的汉字 3000 个，"三会"的汉字 2500 个。阅读：第一学段结合上下文和生活实际理解词语并积累，乐于与人交流；第二学段联系上下文，借助工具书理解词语，抓主要内容，体会思想感情；第三学段积累词语，领悟表达方法，了解说明方法等。写作：第一学段对写话有兴趣，写想象的事物，写自己的认识与感想，运用学到的词语；第二学段乐于书面表达，写见闻、感受和想象，乐于分享，积累语言材料；第三学段留心观察，积累习作素材，内容具体，感情真挚，学会修改。

整个小学阶段对基本的语法和修辞知识的要求是：初步了解比喻、拟人、夸张、排比、设问、反问等修辞方法，初步掌握常用的段落和篇章结构知识等。同时小学阶段的语文知识分为陈述性知识、程序性知识、策略性知识，针对三种不同的知识，我们可以采用不同的教学方法。例如，陈述性知识教学内容应按顺序，由浅入深，循序渐进予以安排，并且注意新旧知识的联系，组织教学时既要确保用于同化新知识的原有知识的巩固，又要找准新旧知识的联系点，还要考虑寻求新知识的生长点；程序性知识不仅要教知识而且要教学习方法，最后还要检查学生能否运用所学知识及方法去解决问题；策略性知识，教师要根据学习内容搭建学习支架，把思维方法渗透到知识的教学组织中。

我以如何引导学生对字词知识的学习为例，谈谈如何进行词语知识的教学。

1. 感悟词语的情

语言有温度，字字皆有情。文字之所以能够牵动人心，是因为它们背后隐藏着作者的情感。如《开国大典》一课，作者围绕盛大的典礼，尤其是描写群众反应的语句：三十万人的目光一齐投向主席台。这庄严的宣告，这雄伟的声音，使全场三十万人一齐欢呼起来。使全中国人民的心一齐欢跃起来。透过文中多次使用的"一齐"，我们能充分感受到开国大典的喜庆、庄严、隆重与热烈的氛围以及包括作者在内的人民群众对开国大典的期待之情。

2. 感悟词语的理

俗话说知其然，更要知其所以然。对情的关注，大多数教师能做到，但明白语言表达的理，还得从字里行间去细细揣摩。如二年级的《泉水》一课，文章讲到泉水从山间的石缝里冲出来，一路流进山腰的水池，流过山间的平地，流到山坡的果园，穿过静静的山谷，同是"流"，课文却用了四个不同的词语来描写："流进""流过""流到""穿过"。能不能把这四个词互换顺序呢？为什么一定是流进水池、穿过山谷呢？为了涵泳语言中的理，在教学时，教师就应该引导学生对每一个搭配仔细推敲，明白作者这样叙述的合理性，从而让学生在无形中领会词语的搭配和文章逻辑关系。

3. 感悟词语的巧

湖北省教研室的李作芳老师曾说："避免语文的浅读与泛读，语文教学要采用'大火煮沸，小火慢熬'的方式，抓住一个个的细节和重点，慢慢地品、慢慢地琢，才能品出语言运用的巧妙之处。"

如统编版五年级上册第六单元《慈母情深》这一课中有两组独具匠心的描写母亲的特写镜头。其一是："背直起来了，我的母亲。转过身来了，我的母亲。褐色的口罩上方，一对眼神疲惫的眼睛吃惊地望着我，我的母亲的眼睛……"作者在这里运用了类似电影慢镜头的描写方法，再加上特殊语序和三个"我的母亲"的连续使用，就可以巧妙地表达出母亲的疲惫和憔悴。其二是："母亲说完，立刻又坐了下去，立刻又弯曲了背，立刻又将头俯在缝纫机板上了，立刻又陷入手脚并用的机械忙碌状态……"作者在这里运用了快镜头的描写方法，以多个"立刻"开头描写母亲一连串的动作，巧妙地表现出母亲的忙碌和辛劳。

再如，萧红的《祖父的园子》也有一段带有作者鲜明的写作风格的描写：花开了，就像睡醒了似的。鸟飞了，就像在天上逛似的。虫子叫了，就像虫子在说话似的。一切都活了，要做什么，就做什么，要怎么样，就怎么样，都是自由的。倭瓜愿意爬上架就爬上架，愿意爬上房就爬上房。黄瓜愿意开一朵花，就开一朵花，愿意结一个瓜，就结一个瓜。若都不愿意，就是一个瓜也不结，一朵花也不开，也没有人问它。玉米愿意长多高就长多高，它若愿意长上天去，也没有人管。作者在这里的巧思是连续使用多个"愿意……就……"，让朴素的字和普通景物也能焕发出与众不同的光彩，处处传达出作者童年生活的自由和快乐。

在语文教学实践中，对于这种蕴含作者巧思而又独特的语言表达方式，是十分有必要进行重点关注和涵泳的，因为这不仅可以促进学生对于课文主旨的理解，而且还能让他们举一反三，提高他们的写作能力。

4. 感悟词语的具体策略

词汇、句型、段落、篇章构成了一个个文本，对它的品读，既不是冷漠地、技术地分析，也不是一味地旁观，站在外头打量，而是必须用心将学生引导进入文本中，去细细地咀嚼、品味，真正体会到作者的写作巧思和感情。

（1）反复诵读是关键

《读书之要》中说："大抵读书，先须熟读，使其言皆若出之于吾之口。"唐彪在《读书作文谱》中也说："读书须将文本读熟，字字咀嚼令有味。"①更有"书读百遍，其义自见""熟读唐诗三百首，不会作诗也会吟"之说。可见，文章只有反复诵读了、读熟了，才能体会到其中的妙处。

如对《慈母情深》那组慢镜头句式的理解：背直起来了，我的母亲。转过身来了，我的母亲。褐色的口罩上方，一对眼神疲惫的眼睛吃惊地望着我，我的母亲……因为五年级的学生对这种句式并不熟悉，如果只干巴巴地直接分析表达技巧，学生就难以理解，也会失去通过语言文字的感悟达到情感共鸣的乐趣。在教学时，可采用不同形式的引读来带领学生体悟句子蕴含的丰富情感，促使学生与作者在情感上产生共鸣。

一位名师的教学给我们做了非常好的示范。

师：这脊背弯曲，身体极其瘦弱，眼神疲惫的这个人是我的母亲吗？

生：不是的。

师：那我印象中母亲的背应该是——

生：挺拔的。

---

① 崔正升：《〈读书作文谱〉写作教育观探释——兼论唐彪对写作教育体系的构建》，载《语文建设》，2018（1）。

师：我母亲的身体应该是——

生：健壮的。

师：我母亲的眼神应该是——

生：炯炯有神的。

师：所以我不敢相信，一个极其瘦弱的脊背弯曲着头和缝纫机挨得很近的就是我的母亲。

生：（齐读句子）

师：所以我实在不敢相信，这个瘦弱得能被风吹倒的女人居然就是我的母亲。

生：（再读句子）

师：所以我哪里肯相信这个眼神疲惫的女人竟然是我的母亲啊！

生：（读句子）

这位教师通过在课堂上创设不同语境来引导孩子们去反复涵泳其间。这样一来整个段落的描写不仅更加具象化了，而且融入了学生自己的感受，在反复涵泳的过程中，学生就很容易进入作者的精神世界中。所以笔者认为在语文课堂教学中，教师要树立以读为本、以读攻读的观念，因为反复诵读是涵泳的关键。

（2）感悟体验促理解

语文界老前辈叶圣陶先生在《语文教学十二韵》中写到一条经验：作者胸有境，入境始与亲。① 由此启发，笔者认为要想真正浸润在作品中，领会作者之意，就必须在语文课堂教学中强调学生与作品的接触，为他们创造进入参与和沉浸到作品中的机会，而体验就是打通文本与学生生活之间的最好桥梁。如《纪昌学射》一课中，纪昌向飞卫学射箭，飞卫对纪昌说："你要想学会射箭，首先应该下功夫练眼力。眼睛要牢牢地盯住一个目标，不能眨一眨。"纪昌回家之后，就开始练习起来。妻子织布的时候，他躺在织布机下面，睁大眼睛，注视着梭子来回穿梭。为

---

① 叶圣陶：《叶圣陶语文教育论集》，北京，教育科学出版社，1980。

了让学生切身体会到纪昌注视着梭子来回穿梭是多么不容易，在进行教学设计时可以加入一个体验活动，然后谈一谈自己的感受。有的学生说"眼睛受不了、疼、难受"，有的说"眼花缭乱、头晕目眩……"。可是，纪昌一看就是两年，并且是专心致志地、心无杂念地看了两年。学生因此更能理解纪昌为了学射箭的辛苦付出！

此处设计伴随着个体感受，与单纯地引导学生理解相比，这种体验更能让学生们体会到词语的感情色彩、运用对象、程度等方面的细微差别，还能让他们感受到语言的内在情感。文字符号所代表的客观事物的图像也通过体验在学生们的脑海中越来越清晰。

（3）揣摩内心很重要

清代戏剧家李渔说得好："和盘托出，不若使人想象无穷。"涵泳就是让学生透过字面去探寻字后的秘密、字后的故事、文字后面的心理活动，揣摩文中主人公内心的想法，明白作者的用意。以《纪昌学射》为例，为了引导学生感悟纪昌练眼力与学射的关系，教师可有意识地引导学生揣摩纪昌的内心活动，走进纪昌的内心世界。

师：纪昌这一看就是两年呀！700多个日子！当他疲惫的时候，他想……所以，他仍旧注视着穿梭的梭子；当他眼花的时候，他想……所以，他仍旧注视着穿梭的梭子；当他快要支持不住的时候，他想……所以，他仍旧注视着穿梭的梭子……

师：同学们，请带着这一份坚持，带着这一份执着和坚决的语气齐读句子——妻子织布的时候，他躺在织布机下面，睁大眼睛，注视着梭子来回穿梭。

在这里，教师引导学生以揣摩和推测的方式去补白纪昌是怎样说服自己的，从而感受他的坚持与执着。这种入情入境的涵泳，把这段平寂的文字幻化成一幅幅画面、一个个场景，文字变得生动起来。需要我们注意的是教师引导学生揣摩人物的内心，并不是引导他们去毫无根据地凭空臆想猜测，而是必须先引导他们对文本进行充分的阅读、理解，静思默想。如果学生入情入境入文了，就能在与文本的深层对话中感受到人物的形象，涵泳出文字背后的内心世界。

（4）字理分析有学问

反复诵读，揣摩内心，感悟理解和抓住文中的某些关键字进行适当地、巧妙地合理分析，也能让语文课堂更具有语文味。

工作室何丽芬老师在识字课《中国美食》的教学中，引导学生从汉字音、形、义三个方面进行涵泳可谓是扎实有效的。例如，在"鸡、鸭、鱼、羊肉、豆腐"的教学中，教师先正音，指导学生"豆腐"的"腐"在词语中读轻声。然后让学生发现这组词语的特点，当提到都是"肉类"时，学生有些不肯定，因为学生认为"豆腐"不属于肉类。在学生质疑时，老师相机出示了"腐"字的甲骨文，字形上，有"肉"的痕迹，引导学生进行字源识字，"腐"在古代是指肉腐烂了。相信在这样"彻底"的涵泳中，识字教学是有效的，甚至让学生终身受益。

我们知道，低学段识字既要保证量的积累，也要重视识字方法的学习和识字能力的培养，充分从汉字构字规律的角度去涵泳，就能使识字的过程成为促进学生思维发展的过程，从而达到举一反三的效果。

同样，利用字理分析进行涵泳也可以用在高学段的教学中。例如，《狼牙山五壮士》一课，人文主题很强，很多教师让学生记住的只是五位壮士为抗击日寇跳崖捐躯的英雄事迹，但天津市北辰区教师进修学校的侯秉琢教授在一次讲课时，让我们深深感受到字理分析对理解课文的独特作用。

《狼牙山五壮士》开篇的第一句是："1941年秋，日寇集中兵力，向我晋察冀根据地大举进犯。"我们大多教师常忽略这句话或者是一带而过，但他抓住两个关键字来进行字理分析。

日寇的"寇"——《说文解字》：寇，暴也。即：暴乱，劫掠，强盗。表示手执器械闯到人家屋内打人的头。

进犯的"犯"——《说文解字》：犯，侵也。从犬。即：侵犯，侵略，侵害。表示从高处下来的凶恶的狗。

通过"寇"和"犯"二字的字理分析，让学生更能感受到日本侵略者的来势汹汹，穷凶极恶，增强了对这篇文章时代背景的理解。如此的字理分析，图文并茂，才能做到涵泳和真学语文。可见，通过这样的说文解字，不再需要教师大费口舌地说教和讲解，学生也能做到心领神会。

二、语文能力教学

语文教学的根本目的在于通过语文教学，培养学生正确理解和使用祖国语言文字的能力，也就是培养学生的语文能力。培养学生的语文能力最主要的是培养学生的听、说、读、写能力。听、说、读、写即为语文能力的四要素，它们之间既具有相关性，又具有相对独立性和系统性。听、说能力是读、写能力的基础，在儿童掌握语文能力的过程中，听、说、读、写四种能力是递次发展的。首先，我们要让学生养成倾听的习惯，并且要听得明、听得准确，抓住别人讲话的中心；在听得明的基础上说得清，语言准确、鲜明、生动，逻辑性强。其次，在多种形式的读中，学生才能厚积而薄发，才能用书面的语言表达自己的想法和情感。

1. 听说能力的教学

《义务教育语文课程标准（2022 年版）》在课程总目标中指出：语言运用是指学生在丰富的语言实践中，通过主动的积累、梳理和整合，初步具有良好语感；了解国家通用语言文字的特点和运用规律，形成个体语言经验；具有正确、规范运用语言文字的意识和能力，能在具体语言情境中有效交流沟通；感受语言文字的丰富内涵，对国家通用语言文字具有深厚感情。[①]

21 世纪的社会是竞争的社会，这就意味着对人才各方面能力的要求也会越来越高，其中语言表达能力成为很多企事业单位录用人才的一个重要参考因素。如今社会上的招聘考试，笔试成绩在总成绩中的比重在慢慢下降，而面试成绩所占比重越来越高。在人才市场经常可以看到这样的一幕剧情，笔试成绩异常优秀的求职者们因为面试成绩不及格而错过了良好的入职机遇。这种事情的发生，语文教育多少都要负一点责

---

① 中华人民共和国教育部：《义务教育语文课程标准（2022 年版）》，北京，北京师范大学出版社，2022。

任，多少都反映出了现今我国语文教学的一些缺陷。口头语言表达能力不仅对人的工作影响深远，而且直接影响着一个人的家庭生活、社会生活。

古往今来，语文教育形成了这样一种思维定式，谈语文教学似乎就是谈阅读教学和写作教学，只关注书面语言的学习，而听话和说话教学也即口语交际教学常被遗忘，似乎说话不用教，默认学生都会说话。纵观今天，从我们的课堂教学到考试命题，始终全部都是阅读和写作两大部分。语文教材中可怜的一小部分口语交际内容，要么被教师当写作材料处理，要么被直接跳过。结果多少学生说话思维混乱、层次不清晰、重点不突出，能在公共场合落落大方地表达自己意思的更是少之又少。说话能力也应是语文能力的重要组成部分。说话看似简单，其实却蕴含着丰富的知识和哲理，会说话的人会将话语表述得通俗形象、委婉得体、富于激情，并且语言规范、思路清晰，在交际中能取得较好的效果。

工作室的田月馨老师执教统编版小学语文二年级口语交际《长大了做什么》这一课时，尤为重视培养学生的倾听习惯。

师：今天，老师带来了我对我们班同学的一段采访，我们一起读一读。

师生合作读。

师：现在老师要考一考大家，是否认真听了我采访的内容。还记得小兰她长大以后想做什么吗？为什么？

生：小兰长大后想当老师，因为可以教学生很多知识。

师：你是个善于倾听的孩子。

师：那小刚长大以后想当什么呢？还记得原因吗？

生：他想当医生，因为可以治病救人。

师：看来大家都是认真倾听的好学生。

田老师在开课之初就把倾听放在了首要位置，引导学生不仅要会说，而且要学会倾听，并且在整堂课中，也时刻注意提醒学生认真倾听，注重培养学生良好的倾听习惯。当然，作为口语交际课，教会学生表达交流才是重点。田老师自始至终围绕"长大以后做什么"这一话题，引导学生相互交流长大以后"做什么""为什么"，重点突破"说清楚""问明白"，体现了对统编教材第一学段口语交际部分准确、全面、深入的解读。"说清楚""问明白"是本次口语交际课的教学重点。为了突破重点，田老师创设了真实的交际情境，通过自己练说、同桌互相说、面向大家说和面对镜头说等真实的、层层升级的交际任务，激发学生的交际兴趣，引导学生进行充分的交际实践，全方位地锻炼学生的口语交际能力。同桌互相说，让学生尝试围绕话题自由交流，鼓励学生大胆表达。教师用现场生成的交际案例，引导学生的交际实践，渗透本次口语交际的要点——说清楚。面向大家说，在真实的交际语境中锻炼学生的交际能力，培养学生口语交际的对象意识和场合意识。通过师生对话，分层指导学生如何说得更清楚、对感兴趣的内容如何进行提问以及如何应对。面对镜头说，教师示范采访，让学生迅速适应新的交际场景和交际对象。小记者现场采访，让学生充分锻炼并全面展示口语交际能力。

师：现在请同桌两人相互说一说你长大以后想做什么。为什么？要求：说的同学要说清楚，另一个同学要仔细听。

师：现在请同桌两人上台来分享你们长大以后想干什么。

生1：你长大以后想干什么？

生2：我想当消防员。

生1：为什么想当消防员？

生2：因为当火灾来临时我可以救人，像一个英雄。

师：同学们对他们刚才的表现进行一下评价。他们说清楚了吗？提问问清楚了吗？

生：说清楚了内容，提问也准确。

师：那现在同桌两人再互相说一说，并且对你感兴趣的内容可以多问一问。

师：现在云波小学红领巾广播电视台要对你们进行采访，我来当记者对你进行采访。

（师生合作对话、同学间进行采访对话）

师：现在 4 人小组进行交流，交流后小组内相互评价。如果他说清楚了内容给一个大拇指，会提问再给一个大拇指。

（小组合作练习交际，老师巡视指导）

低学段的口语交际目标，要求学生与人交流时态度自然大方、有礼貌。口语交际具有互动性，强调信息的往来交互，因此，参与交际的人不仅要认真倾听，而且要适时接话，谈自己的意见和想法。这样，在双向互动中实现信息的沟通和交流。

田老师的课上特别注重在细节中培养孩子这些交际的习惯。教师的即时评价，学生间的评价，自始至终在引导、激励着学生们在交际中大方自信地表达，在倾听中理解谈话的内容，不断修正自己的表达，提高自己的说话技巧，实事求是地表达，享受交际的快乐。

口语交际课，就是要通过让学生不断地"说"、不断地去交际，来开启他们的语言思维，习得语言素养。

《义务教育语文课程标准（2022 年版）》在"总目标"部分明确指出，学会倾听与表达，初步学会用口头语言文明地进行人际沟通和社会交往。[①] 目标中的关键词依次为：倾听、表达、沟通。很明显，"倾听"是达成"交流"的初始条件。由此可见，说话并不是看起来那么简单，而是一门学问，更是一门艺术，需要不断地学习。一个真正优秀的语文教师，应该要教会学生说话；真正的语文教学，也应该把教会学生说话作为重要的教学目标；那么真学语文课堂，应该是能让学生充分说的课堂。

那么语文课堂该怎样很好地贯彻和实践这一理念，让学生大声地说、自由地说呢？首先，教师要创造一种和谐、平等的课堂氛围，让学

---

① 中华人民共和国教育部：《义务教育语文课程标准（2022 年版）》，北京，北京师范大学出版社，2022。

生在课堂上敢说。在课堂教学中，很多时候并不是学生不知道问题的答案，而是学生不敢回答，怕说错被别人取笑，担心被别人议论，即使被老师点名叫起来也很难落落大方、流畅地说，可见学生存在说的心理障碍。鉴于此，教师在课堂教学中要营造轻松自然的氛围，帮助学生树立自信心，克服怯场、紧张等心理，消除害怕的心理障碍；同时教师也应传授学生必要的克服心理障碍的方法，比如调整呼吸、进行必要的自我暗示等。

除此之外，教师还要有意识地调动学生说的积极性，鼓励学生说，逐渐训练学生说的勇气。其次，教师要科学、合理地设计口语教学内容，让学生愿意说，有话说。有了说的勇气后，再有好的口语内容，学生才有说的意愿，才有表达的渴求。除了要设计符合学生心理特点的口语交际话题以外，教师还应教授学生一些必要的口语交际技巧，如语音知识、态势语、说话技巧、交际礼仪等。从理论和实践两方面着手设计，以实践训练为主，具体表现在课堂教学中教师要充分地把课堂还给学生，一切要学生说的、学生能说的，就一定要让学生都说起来。最后，教师要对学生的说做出及时的评价和指导，让学生说准确、说好。说准确主要指语言规范，即发音准确，用词准确，语法规范；说好主要指学生能说得条理清晰，学生能根据不同的场合、时机把话说得得体、恰当。口语表达与交际能力是衡量学生语文综合素养的一个重要指标，也是语文能力中不可缺失的组成部分。

2. 读写能力的教学

"书读百遍，其义自见"，这八个字简明深刻地道出了中国古代语文教学法的奥妙。追溯中国古代语文源流，无论是蒙学识字的启蒙教育还是经学读物的讲解，无不以读贯穿始终，最终形成了一种"以读为主"的中国独特教学模式。学生从走进学堂伊始，就读老师指定的篇章，摇头晃脑地读，读到能背诵为止，其中许多的问题学生已经在背诵的过程中领悟了，然后老师再对个别问题进行讲解。如此循环，一日三晌，学生的任务就是读书和背书，老师就是教学生识字和监督他们诵读。这种教学方法看似简单枯燥甚至粗暴，毫无艺术可言，然而千百年来，在这种方法下培养出了多少领风骚的文人墨客，多少叱咤风云的政治人物，创造了璀璨的中国文明。

在今天的语文课堂中，读的地位已经下降了许多。已经很少能听到长久的书声琅琅了，更难听到抑扬顿挫、饱含深情的读书声。有的只是教师们滴水不漏的讲解，牵着学生的思维去分析词语、修辞、篇章结构，舍不得给学生时间去细细诵读课文。然而在没有熟读课文的前提下，再精深的讲解也只是教师个人的揣悟，很难真正让学生开动脑筋。要让学生的心灵走进课文的深处，前提就是要让学生读起来，读到能诵出来更好。

读就是一种真学的状态，是一种全身心投入的状态。因为读是学生对文本内容吸收和理解的过程，出声地读，会让学生主动辨识字音，探求词义，再结合自己头脑中的相关生活体验，最终将字词句组成新的内容体系储存起来，完成言到意的转换。读是学生的思维在紧张运作的过程，读的过程要求学生的思维和自己的听觉、视觉等器官缜密地配合，准确地辨别文字，正确地读出字音，迅速地捕捉每一个话语，将静态的视觉符号快速而流畅地转换为听觉符号，还要调动已有的经验去感知判断词语句子的意义，贯通文章结构内容等逻辑联系。这整个过程是一个从表层结构到深层含义、从初步感知到深入理解的复杂认知过程。熟读是一种积累的过程，读是学生对文本的一次感悟的过程，当熟读到能背诵时，读便是学生对文本的识记过程。熟读中眼口耳心齐用，将文章的字词篇章结构等以整体的形式储备在大脑中，这种积累是学生学会语言运用的重要前提。因此在小学语文初级阶段，几乎每篇课文都要求学生完整背诵。

教师在课堂中应该组织各种形式的诵读活动，给学生读的充分理由，从而调动他们读的积极性。

（1）认读性诵读

在进入课文学习前要求学生辨认汉字的音形义等，读准字音，读得顺畅，不错一字，不添一字，不漏一字。同时整体感知课文内容，从而为下一步的学习营造好氛围。

（2）理解性诵读

先对课文进行适度的讲解，让学生理解文章的基本内容，把握文章的感情基调，在此基础上，能够进入披文入情的境界，从而读出文章该有的情味，激扬处当铿锵有力，深情处当婉转柔和。

（3）评析性诵读

组织学生，一边诵读文章，一边用批判思维或者欣赏的心态评议文章，在批判中去欣赏，在欣赏中去诵读，先读后评，评后再读，读出文章的精妙之处，读出文章的理趣。

（4）记忆性诵读

小学阶段的学生需要多记多背，在学生对课文有了深切的体悟和理解后，组织学生将文中那些精美的词句段落甚至整个篇章背诵下来，储藏在自己的记忆里，如此文章便不只是书本上冰冷的文字，而是经过了学生思维和心灵的温暖，成为他们自己语言库里的一部分。

认真读不仅要让学生开口大声读起来，而且还要读出文章的韵味。朗读教学是品味作品的艺术，是欣赏词句的艺术，是调动情感的艺术，是拨动心弦的艺术。要让学生能够扎扎实实地读好课文、背好课文，教师一要做好范读，二要指导好学生读。

例如，笔者在执教三年级上册的《司马光》时，就用读的活动贯穿课堂始终。读出音韵美。这一环节主要是扣着课后习题跟着教师读，引导学生读出停顿和节奏，再听教师范读，让学生体会教师诵读中的语气、语速、停顿等，然后学生练习朗读，要求语音正确、停顿恰当，能初步读出语气，能读得抑扬顿挫，读出形象美。这一环节再引导学生感受"众皆弃去，光持石击瓮破之"时，群儿的慌乱和司马光的沉着冷静。在此基础上，教师指导朗读，指导如何处理重音、语气、语调等，从而读出感情变化来。语文课就是读书课，要重视读，让学生在读的过程中把握课文的思想内容和语言形式。在读的基础上，学生可以对课文进行分析、评论、探究。如果没有从以上四个方向去关照朗读，没有示范、没有指导、没有理解、没有目的，仅仅是为了读而读，这样会让学生对读产生疲倦感，从而失去了读的兴趣，走向另一个极端。

学生从说到写，从读到写，都要通过书面语言条理化地、生动地表达出事物的内在联系。同时，《义务教育语文课程标准（2022 年版）》中指出，观察周围世界，能不拘形式地写下自己的见闻、感受和想象，注意把自己觉得新奇有趣或印象最深、最受感动的内容写清楚。尝试在习作中运用自己平时积累的语言材料，特别是有新鲜感的词句。①

2020 年重庆市第二届课堂教学竞赛，刘刚老师执教的统编版小学语文四年级下册第八单元的习作《故事新编》为我们做了一个很好的示范。这个单元的习作要点是"按自己的想法新编故事"。在刘老师的教学中，巧妙地创设了"四格结构图""教材""微课""评价卡"等多个教学支架，让学生插上想象的翅膀，按自己的想法新编故事情节和结尾，这不仅激发了学生写作的兴趣，而且给予了学生创造性地表达、展示交流和互评互改的机会。下面就对《故事新编》的教学片段进行分析。

【片段一】

出示四格图，分析好故事的写法。

师：我们今天要对《龟兔赛跑》进行——

生：新编。

师：刘老师给大家带来了一个工具，这个工具叫——

生：四格图。

师：这个工具可以帮助我们改编故事，让我们边读故事，边发现写法上的秘密。请看学习步骤。

【片段二】

师：故事新编，新在哪里呢？书上给了我们提示。

生：可以想象新的故事情节。

师：就是新情节。这个新情节应该怎么来编呢？书上提醒我们，可

---

① 中华人民共和国教育部：《义务教育语文课程标准（2022 年版）》，北京，北京师范大学出版社，2022。

以从兔子或者乌龟中选择一个人物作为主人公来编写。兔子作为主角，在老故事中它骄傲自大，觉得睡一觉都能赢得成功，在新的故事中，它又是怎样的呢？跟老师一起来读教材。如果它是一只运气特别不好的兔子，它就会⋯⋯

【片段三】

出示微课。微课的内容是，选择乌龟作为主角。选择主角遇到什么情况，主角是怎样想的、怎样做的，故事的结局等内容来展示新的情节。具体是，乌龟看到小象在打高尔夫球，让小象助他一臂之力，小象挥动长鼻子，把乌龟甩到领奖台上获胜。

师：拿出习作单，根据问题支架开始你的"新龟兔赛跑"吧！

【片段四】

1. 拿出评价卡，同桌互评，学生互评。

师：看评价卡的记录，同桌有哪个地方没有写的补一补。做了什么、想了什么没写清楚的，添一添。互相提建议，改一改。

2. 生互提建议，修改。

首先，妙用"四格结构图"。

刘老师妙用"四格图"来梳理故事，很适合四年级孩子的思维方式。把故事拆分成开头、情节一、情节二、结尾，大大地降低了学生写作的难度。同时用"四格图"作为支架，填充新的内容，前后的反转会很形象，这样的写作会让学生觉得更轻松。

其次，活用"教材"。

刘老师带领学生走进教材中新故事情节的例子，既依据教材，又超越了教材，巧抓时机，创设情节，有创意地设计角色的特殊特点，更加贴近学生的生活，让学生有话可说，有话能说，从而降低了习作的难度，培养了学生习作的兴趣。学生也能在刘老师的辅助中编出属于自己的故事。

再次，效用"微课"。

微课引路在习作教学中常被运用。刘老师在"怎么把新情节写清楚"

这一重难点的突破上，有效地以微课为切入点，用微课梳理，把创作的方法清晰化，通过"遇到新情况，主角怎么想、怎么做，结局怎样"来进行创作，让每个同学都能体会到创编故事的乐趣。这一步做得非常扎实。

最后，乐用"评价卡"。

习作的评改，不能仅仅为了"评"，更重要的是评中有导，评中有练，评中有提升。习作评改的方式多种多样，刘老师巧妙地设计了清晰明了的评价卡，让学生对照自批自改，互批互改，这样在习作教学中既培养了学生会写作文的能力，又培养了学生自己修改作文的能力。久而久之，学生也可以在修改作文中感悟到如何才能写好文章，最终成为习作的真正主人。

三、语文素养教学

核心素养是当前教育界的一个热词，是指学生应具备的适应终身发展和社会发展需要的必备品格和关键能力，突出强调个人修养、社会关爱、家国情怀，更加注重自主发展、合作参与、创新实践。"语文核心素养"可以分解为四个维度：语言建构与运用、思维发展与品质、审美鉴赏与创造、文化传承与理解。由此，语文课程不仅要培养学生的语文基本能力，而且要注重优秀文化对学生的熏染，让学生的情感、态度、价值观，以及道德修养、审美情趣得到提升，良好的个性和健全的人格得到培养。

1. 阅读是培养学生素养最好的教学

2016 年 9 月，我新接手了一个一年级班级，当时内心很忐忑，因为离上次教一年级，已经过去整整 14 年了，虽然平时也对一年级进行教学指导，但那毕竟是隔靴搔痒。我一直在思考，该如何培养学生的核心素养呢？

开学第一天，我就给学生读了一首儿歌《小书包》："妈妈送我个小书包，背在身上多神奇。打开心爱的小书包，一样一样看仔细，铅笔、橡皮、卷笔刀，越看心里越喜欢。背上心爱的小书包，我呀已经是个小学生。再见吧，可爱的幼儿园！再见吧，亲爱的老师和阿姨！"这首儿歌让学生们明白，从今天起，他已经是一名小学生了，更要让学生知道，在语文课上，他们还会读到更多、更好听的儿歌。

（1）阅读要有仪式感

为了让学生爱上阅读，我从发教科书开始，就要有一种仪式感。我让孩子们把手洗干净，规规矩矩地排队，师生相互鞠躬，孩子从我手上接过事先捆好的教科书。我郑重地告诉孩子：书是香的，书是甜的……通过这种仪式，让学生真真切切地感受到了书籍对我们的成长是一种多么重要的事物。

阅读量要提高，必须要让孩子尽快接触到文字，所以我在教学拼音时，真的是连滚带爬地教学。虽然在这个过程中，一部分孩子没有完全掌握拼音，特别是拼音零基础的孩子，很多家长告诉我："孩子有些拼音读不熟。"我告诉他："不要急，没有关系，在阅读中，孩子的拼音会得到巩固的。"我给孩子推荐了第一本书：薛瑞萍等老师主编的《日有所诵》。这本书是双行文字，所以孩子的拼音还在半生不熟的时候就让他们开始读，不会读的字，尝试着猜读，联系上下文猜读，联系生活实际猜读，尝试按拼音读，但尽量不问家长这个字的读音，这样做一方面可以培养孩子识字的能力，另一方面可以复习拼音的拼读。第二天，孩子到学校读给组长听，读给同桌听，读给老师听。学习能力强的孩子读完第一本书，很快开始读第二本书。每天早上孩子们摇头晃脑地读书，就是我最大的享受。

孩子读的每本书，都不做具体的分析、讲解，就只是阅读。为了培养学生的阅读习惯，我给孩子们准备了一本阅读存折，这本阅读存折存的是孩子的阅读量。我又想出了让学生在喜马拉雅 App 上录制自己阅读的书籍，大声地朗读有利于孩子自信心的培养，阅读的范围也比较广，让孩子养成了主动阅读的习惯。

今年我又把我的这些做法在全校进行了推广，同时在学校的课程安排上把周二下午第一节课作为全校的阅读课。在阅读课上教师必须让孩子阅读，可以是自由阅读，也可以是教师带着学生读整本书。让他们身处满满的书籍中，给予他们一段不被打扰的空白时间，再透过团体共学的情境，再不爱看书的学生也会开始动起来。通过近一年的培养，教师、学生基本都有了阅读的习惯和兴趣。小学生正处于阅读的黄金期，这一时期的阅读对学生一生的发展影响很大。在黄金阅读期，如果学生阅读了大量文学名著、名人传记、科普读物等，则能够为他今后人生观的确立、人生目标的确定，以及学习的能力打下坚实的基础。如果错过了这一黄金阅读期，那么学生未来的发展将会受到很大的影响。阅读的效果从来都不是立竿见影的，然而它能一点一滴地滋养学生的品质，像营养液。

（2）阅读的重要性

2014 年 3 月，李克强总理在政府工作报告中首次提出"倡导全民阅读"，"全民阅读"首次被列入国家层面的政府工作报告，提到了前所未有的国家高度。国家新闻出版广电总局 2016 年 12 月 27 日公布了《全民阅读"十三五"时期发展规划》，将全民阅读工程列为"十三五"时期的文化重大工程之一，将全民阅读提升到国家战略高度。在规划中将"大力促进少年儿童阅读"列为重点任务之一。

阅读可以改变思想，从而改变命运。于永正老师这样说过："如果我再教小学语文，我会引导学生多读书，好读书，读好书，读整本的书。"[1]所以我的教学主张是：阅读就是教育。北京大学钱理群教授这样说过："什么是教育？就是爱读书的校长和爱读书的老师，带领着学生一起读书。"[2]

语文学科的核心素养就是培养学生的阅读力、思考力和表达力。语文学习是一个循序渐进、注重积累的过程。要在语文素养的众多要点和

---

① 于永正：《于永正：我怎样教语文》，北京，教育科学出版社，2014。

② 钱理群：《教育改良从读书做起》，载《云南教育（视界综合版）》，2019(4)。

各种关系中，找到一个关键的联系点，那便是阅读力。要让学生成为主动阅读者，我们首先要让学生在阅读时有持续性和连贯性，即阅读习惯的培养，要每天有固定的阅读时间，且不可以喜欢就读读，不喜欢就不读了，这样不会有好习惯的养成。所以一开始我让学生们在微信上阅读，每天坚持点评，激发学生的阅读兴趣，培养学生的阅读习惯，后来在喜马拉雅上进行阅读，即使不点评，学生也依然坚持。

由于阅读能够坚持下来，孩子们就有了阅读量的累计。6—12岁，既是阅读能力，也是学习能力的基础长足发展的黄金时期，这六年，可以说没有什么比大大提高阅读能力更为重要。一年级结束时，我对学生阅读的字数进行了统计，每个学生的平均阅读数量达到了5万字。二年级结束时，阅读数量均达到了10万字。在阅读的过程中，学生不仅喜欢读文学类的，而且喜欢读科技类、历史类、传记类、自然类的，这样自主的阅读培养了学生的领悟能力、理解能力，还有想象力、思考能力、专注品质等能力，对提高学生学习能力有很大帮助，同时可以丰富学生的知识，对学习大有好处。学生的阅读素养水平，不仅作为教育发展新理念中认定的核心技能，而且已被视为一个国家未来经济竞争力的重要指标。

所以，我把阅读习惯列为学生小学入学后第一重要的关键能力进行培养，并将一直持续下去！

2. 综合性学习是学生素养最好的体现

基础教育课程改革纲要（试行）提出："倡导学生主动参与、乐于探究、勤于动手，培养学生搜集和处理信息的能力、获取新知识的能力、分析和解决问题的能力以及交流与合作的能力。"①语文的综合性学习能较好地帮助学生掌握"自主、探究、合作"的学习方式，有利于学生在整体性的听说读写活动中提高语文素养，有利于语文知识能力的学以致用，有利于培养学生的综合表达能力、人际交往能力、搜集信息能力、

---

① 教育部：《基础教育课程改革纲要（试行）》，载《人民教育》，2001(9)。

组织策划能力以及互助合作和团队精神等。它对于培养学生的创新精神和实践能力，有着深远的意义。学习方式的综合，是书本学习和实践活动的结合，也是接受学习和探究学习的结合，既有课内的学习，又有课外的学习。

　　一位教师在执教二年级以中国优秀传统文化为教学内容的综合性学习《十二生肖》时，以认识十二生肖的名称、来历，了解十二时辰为主题，有机地将识字、朗读、表达、积累、制作和优秀传统文化联系起来，很好地体现了综合性。整节课教师安排了八个活动培养学生的探究能力和动手能力。活动一：课前安排学生收集十二生肖资料，并将十二生肖的故事画在 A4 纸上，培养了学生收集资料的能力。活动二：课前活动中，带领学生在四人小组内挑选一幅优秀绘画作品，并分工合作将绘画粘贴在卡纸上，提出分工合作的要求。活动三：通过视频激发了学生对汉字文化浓厚的兴趣后，请四人小组讨论，猜甲骨文并将之与楷体汉字进行连线，认识十二种动物名称"鼠、牛、虎、兔、龙、蛇、马、羊、猴、鸡、狗、猪"，充分将中国优秀传统文化渗透到课中。活动四：四人小组合作将十二种动物的样子分别拼贴在学习单上，发现生肖排序和时辰有关。活动五：学生观看动画视频，倾听教师讲生肖与时辰的故事，认识十二个表示时辰的汉字"子、丑、寅、卯、辰、巳、午、未、申、酉、戌、亥"，让学生在小组活动中自主认识二十四个汉字。活动六：四人小组合作朗读"生肖儿歌"，培养学生朗读表达的能力，同时将学生分为十二个生肖小组。学生通过生肖转盘转转转和生肖萝卜蹲游戏，反复强化生肖与时辰顺序的记忆。活动七：四人小组看图猜生肖成语。学生通过讨论，完成学习单成语填空——"画蛇添足、对牛弹琴、狐假虎威、鸡飞狗跳"，并拓展延伸其他带有十二生肖名的成语。活动八：四人小组分工合作制作生肖书。学生通过起书名、整理学习单、粘贴故事画、编者签名、装订等过程，按照封面、内容、封底的顺序将所学的内容制作成一本书。学生在多样的活动中，不仅学有所获、学有所乐，而且记忆深刻，动手能力得到了提高，合作意识得到了增强。

综合性学习通过活动整合听说读写等多种能力，把活动和学习结合起来，让活动成为学习的过程，同时激发学生掌握知识和运用知识的主动性。综合性学习加强了语文学习与生活的结合，以促进学生语文素养的整体推进和全面发展。

第三节　真学语文的基本特征

一、解读文本是基础

语文教学要想避开泛语文、非语文和伪语文等倾向，做到真学语文，就必须回归语文本色，从语文本体的层面来思考语文，做到行踏实、有韵味、具效能。行踏实，就是实实在在地沉潜到语言文字中去品味作者的表达，去感悟作者的情感，真正达到教者、学者、作者、编者思路合一；有韵味，体现的是一种课感，具有鲜明的语文学科特色的教学才是有韵味的教学；具效能，强调的是课堂教学最终的效果，在单位时间内，以最高效的教法、最简约的学法，完成语文学习，使学生的综合素养得以提升，各方面的能力良性、均衡地发展。

若想实现真学语文中的真实教学，就必须达到对文本有正确的整体把握的前提条件。著名特级教师孙双金老师在《教师要做文本和学生的知音》一文中指出："解读文本是上好语文课的第一步。"[1]崔峦老师也说："要提高语文阅读教学的实效性，教师要抓住三个关键环节，一是准确深入的文本解读，二是独具匠心的教学设计，三是灵活机动的教学实施。"[2]

对文本要准确把握。文本不是一个封闭体，而是一个开放的、有待于读者去填补和再创造的符号体。即使是针对同一个文本，不同的人也

---

[1]　孙双金：《教师要做文本和学生的知音》，载《小学语文教学》，2009(5)。

[2]　李怀源：《为了阅读教学的美丽转身——访全国小语会名誉理事长崔峦先生》，载《小学语文教师》，2013。

会有不同的解读方式和角度，正所谓"一千个读者，就有一千个哈姆雷特"。但是，即便是仁者见仁，智者见智，哈姆雷特也终归是哈姆雷特，不可能被错误地解读为哈利波特。

1. 三种身份品读文本

第一种身份是无功利性的闲读者。拿到一篇文章，如果以纯粹的心态慢慢读、慢慢品、慢慢嚼、慢慢赏，定能读出其中的味道，从而获得自然的阅读体验和真实的审美直觉。第二种身份是带着教学任务的研读者。从教师自身的认知结构、生活阅历、思维方式出发，对文本的语言、结构、主旨等方面，仔仔细细地研读，读出文本的味儿来，读出作者的情来，读出编者的意来。第三种身份是从学生角度出发的试读者。这种身份也就是所谓的换位阅读。从学生的视角、认知能力、思维方式去洞察，哪些内容不懂，哪些内容不会。学生懂的、会的，教师尽量少讲，甚至不讲；学生不会的、不懂的，应作为重点，教学就应该从这里出发。

2. 做到"三个尊重"

首先，要做到尊重作者。作者的原意何在？作为教师应该知晓，否则就会出现误读与错读的现象。如统编版小学语文三年级上册《去年的树》一课，作者用白描的手法讲述了在鸟儿和树之间发生的故事。大家对这篇文章的解读可谓五花八门：有人认为，这篇课文讲的是珍惜友谊和信守承诺，表达的是一种友情观；有人认为这篇课文是写保护环境、爱护树木、人与自然和谐相处共同发展；还有人说是爱情观，因为文中写大树用"他"，写小鸟用"她"，作者在向我们讲述一个关于爱情的故事；甚至更有人发出世事无常论，世事多变，人生无常，谁也不知道明天会发生什么……具有专业性质的教参中，则主张将主题解读为环保和诚实守信皆可。但在了解了作者新美南吉(本名渡边正八，日本著名儿童文学作家)的人生经历和写作理念后，我不赞同这样的解读。我认为将这篇文章解读为鸟和树之间至真至纯至美的友情，或许更贴合作者的原意，并且更能打动学生的心灵。

其次，要做到尊重学生。在尊重学生兴趣和特点的基础上，将他们的接受程度考虑在内。以统编版小学语文六年级上册老舍先生的《草原》为例，在当时的时代背景下，这篇文章的政治和教化意味较为浓厚，课文主旨也因此落脚在赞美民族团结之上，但随着时间的推移，当下的孩子很难读懂这一点。不管教师怎么讲、怎么说，学生愣是不明白，反而把思维搅糊涂了。于是，在尊重学生特点的前提下，我们可以将文章定位于欣赏草原美景，感受民族风情，学生的兴趣定会更浓厚，也能更加自然地感受祖国不同民族独特的风情及草原人民的好客。

最后，还要做到尊重编者。编者按照课标要求编写教材，自然有其考量，我们得读懂他们的用心，理解编者的意图，扎扎实实把这个例子用好、用巧，让其成为语文学习的工具。同一篇课文，不同的年级学习编者留下的各种线索，也就是课前的导语、课中的提示、课后设计落到实处，就需要我们关注教材中的这些细节。

3. 单元整体下解读文本

在语文教学实践中，对文本的整体把握既要考虑单篇文章的整体感，领会文本思想（作者写作的背景和寄托的感情）、把握文本特征（需要明确文本的结构、语言、文脉）、理解文本内涵（需要明确教什么与怎么教），还要将文本的解读置于整个单元整体之中，对单元整体进行系统把握。以统编版六年级上册的阅读策略单元为例。

首先，我们要对单元教材进行分析。这个单元是阅读策略单元，是统编小学语文教材第四次以阅读策略为主线组织的单元内容，旨在引导学生学习并掌握基本的阅读策略，形成运用阅读策略的意识，成为积极的阅读者。这个单元围绕"有目的地阅读"这一策略进行编排。"有目的地阅读"，首先要根据自己的阅读目的，选择恰当的阅读材料，减少无关材料和不重要的材料对阅读的干扰。确定阅读内容后，还要选用恰当的阅读方法展开阅读活动，达到自己的阅读目的。学会"有目的地阅读"，能提高阅读效率，有助于尽快完成相关任务，是阅读高效的一种表现。本单元共三篇课文。《竹节人》通过学习提示，安排了三个不同的阅读任务，引导学生体会阅读同一篇文章，目的不同，关注的内容、采用的阅读方法也会不同。《宇宙生命之谜》通过旁批呈现了一名同学根据自己的阅读目的，阅读这篇文章的思维过程，课后练习进一步引导学生交流如何根据阅读的目的开展阅读。在阅读中运用了哪些具体的方法；还提出两个新的问题，引导学生针对不同的阅读目的开展新的阅读活动，进一步体会什么是"有目的地阅读"。《故宫博物院》是一组非连续性文本，引导学生将在精读课文里学到的方法进行迁移运用，逐步实现自主"有目的地阅读"。"交流平台"对如何根据阅读的目的，选择合适的阅读材料、运用恰当的阅读方法进行了梳理和总结，提示学生要在今后的阅读中自觉养成"有目的地阅读"的习惯。

其次，还要结合单元语文要素，针对学情找准学生的学习起点、思维的生长点。六年级的学生自主学习的能力相对更强，在三年级"预测"、四年级"提问"、五年级"提高阅读速度"的基础上，学习"有目的地阅读"，学习中可以更多体现自主性，策略学习中更多强化综合运用。同时，基于小学生在 3～5 年级已经学习过阅读策略，六年级"有目的地阅读"更要体现对阅读方法的综合运用。阅读策略的使用要具有整合性、选择性和灵活性。学生要根据阅读目的与文本材料的不同，灵活选择不同的阅读方法，并根据需要随时调整方法。

再次，要重视单元的育人价值。如《竹节人》回忆了作者童年时代做竹节人、玩竹节人以及老师没收竹节人却也自己偷偷玩竹节人的情景，表现了童年游戏的乐趣，表达了儿童的喜悦与满足，同时也写出了老师童心未泯的一面，抒发了对老师的亲近与理解，字里行间流露出简易的儿时玩具带来的心灵快乐。《宇宙生命之谜》主要介绍了科学家对"地球以外其他星球上是否也有生命存在"这个问题的研究和探索，表现出谨慎探索的科学精神，激起学生探索的兴趣。《故宫博物院》通过四篇非连续性材料，对故宫博物院进行全景式介绍与说明，能激发学生对故宫的热爱与向往之情。

最后，整合教学及学习策略。三篇课文尽管训练重点不同，但是彼此之间联系紧密，教学时要统筹考虑。《竹节人》是学生初次接触"有目的地阅读"，初步感受怎样带着不同的目的阅读同一篇文章，懂得阅读目的不同，选择的阅读内容不一样，使用的阅读方法也就不一样。《宇宙生命之谜》侧重引导学生怎样根据阅读目的选择、运用恰当的阅读方法，提高阅读效率。《故宫博物院》为学生提供了一组非连续性文本，侧重引导学生运用在前两篇课文中掌握的策略，自主开展"有目的地阅读"，并进行交流。本单元的学习，是对以往学习方法的一次综合、提升。要关注学生自主的阅读实践，通过讨论、比较和交流，引导学生切实掌握如何根据不同的阅读目的，选取合适的材料，运用适宜的方法，完成不同的阅读任务。要突出学生的主体作用，学习方式应该更加自主，在情感朗读、领悟表达、识字写字教学等方面不作过多的要求。教学时要注意与学生已有的学习经验紧密联系。要引导学生根据阅读需要，自觉选用之前学到的阅读方法和已经掌握的阅读策略。比如，在浏览阅读材料时要有一定的速度；在细读课文时，会一边读一边预测，一边提出问题，看看上下文中有没有自己想要的答案。课文需要反复、多次地阅读。为了体会不同的阅读目的下阅读材料选择的不同、阅读方法选择的不同，课文的学习就不能一次完成。学生每带着一个目的阅读，都需要再回到课文中，选择各自对应的内容，运用恰当的方法，完成相应的任务。

本单元的学习，学生可以通过整体感知，依托课文前的学习提示，明确阅读任务，再根据不同的阅读目的，选择对应的内容自主阅读，采取不同的阅读方法，尝试找到答案，同学之间以及小组内可以相互交流，最后结合课后习题梳理、总结方法。

所以，我认为正确把握文本内容，既要追索，也要建构。追索作者写这篇文章的原意、编者编排这个单元的用意；建构编者和后人想借这篇文章所传递的思想、所表达的情感、所达到的目的。要追索与建构，细读是关键，特级教师张伟的球形教学法指出，教师只有把文本仔细地、认真地、反复地多读几遍，才能更好地抓住文章的球心，才能更深入、更准确地把握各部分与球心之间的关系。这里的细读，不是阅读次数的简单相加，更不是钻牛角尖似的单方面孤立地、零散地、碎片化地细读，而是必须做到对文本的整体把握。《盲人摸象》的故事，就是这个道理，盲人为什么不见其全，主要就是从局部下结论。阅读亦是如此，如果只见树木不见森林，得到的印象必定是支离破碎的，这样的语文教学也一定是索然无味的。

二、了解学情是前提

学情就是学生的学习情况，具体体现在学生学习时已有的学习水平和学习能力。教师在教学时，始终站在学生的角度，要以学情为出发点，教学目标、教学内容、教学手段等都要符合学生的认知，以学生的"学"作为出发点，根据"学"确定"教"，充分体现学生的主体地位。

1. 把握学情制定教学目标

教学目标的制定要从课程标准、教材和学情三个方面来思考确定，这样各层次的学生才有自己的学习目标，才能因材施教。这样的教学目标才能体现对学情的真正把握。

例如，统编版小学语文五年级上册习作单元对单元整体进行规划：精读课文、习作例文、初试身手、交流平台都指向表达，都为实现本单元的语文要素服务，体现了教材阅读与习作并重的教学思想。在制定本单元的教学目标时，无论是精读课文，还是习作例文，都是指向表达的阅读课，都为呈现单元习作而服务——让学生学会表达。为此，在单元习作教学中制定了以下单元学习目标：①写清楚事物的主要特点；②试着用上恰当的说明方法；③可以分段介绍事物的不同方面。教学目标是整个教学活动的中心，教学目标的制定必须关注学情才能做到有的放矢，定位准确，设置恰当，教学活动也才能有重点地完成。

为了达成最终的教学目标，我们把目标分层级，从精读课文开始，转变观念，习作单元的阅读课不以识字写字、品词析句为主要的教学任务，而是以感受语言表达为主。

例如，泸州的一位老师在执教《松鼠》一课时，制定的教学目标就是：了解松鼠信息，梳理文章结构，培养学生的"选材"能力；认识文艺性说明文，品味文艺性说明文语言的特点。另一位执教单元习作《介绍一种事物》的老师，制定的教学目标是：借助两篇例文，指导学生从多方面或分步骤来介绍一种事物；借助批注和微课等工具指导学生在进一步赏析说明方法作用的基础上，试着用上恰当的说明方法来写清楚事物的主要特点。从两位教师制定的教学目标来看，不论哪一板块内容的教学，都是指向本单元的终极教学目标的：运用恰当的说明方法来介绍一种事物，培养学生的写作运用能力。

对于五年级学生来说，阅读说明文并不是难点，通过之前的学习，学生对列数字、打比方、作比较等说明方法已经有了一定的了解。但是之前的学习是指向为什么这样表达，关注的是文章的内容，而习作单元无论是精读课文还是初试身手，指向的都是表达——文章是如何利用说明方法介绍清楚一种事物的。

在教学习作单元时，我们要从单元整体出发，制定清晰的教学目标，教师明确自己要教什么，怎么教，各项内容都要指向"运用恰当的说明方法，把一种事物介绍清楚"这一语文要素。教学围绕单元导语和语文要素展开，以培养学生的习作能力为抓手和导向，在各项教学内容中整体规划，整体推进和落实，引导学生了解文章是怎么表达的，再交流分享表达方法，最后综合运用，完成单元习作，形成习作能力。整个过程体现了在单元整体下进行深度学习，前后勾连，彼此照应，注重教学的整体性和层次性。

2. 教学过程把握学情

教学过程是教学目标从预设到实施的落脚点，是师生共同实现教学目标的过程。教学过程中教师的姿态要往后退，让学生来表现，这才是真实的课堂。而这一切的基础就是对学情的把握与预设。追求本真、朴实的教学风格就是要在了解学情，真正站在学生学有所得的基础上去教学，而不是为展示自我而教学。

我们以五年级上册第五单元说明文习作单元为例。在教学单元习作时，学生经过习作练习后发现，抓住事物的特点有条理地介绍不是特别难，但是如何恰当使用说明方法把事物介绍明白，仍然模糊不清。那如何进行有效教学，让孩子理解呢？

一位教师是这样执教的：

师：老师发现，为了把事物"说明白"，大家都用到了这4种常用的说明方法。那么，是不是只要用上了就一定能够说明白呢？

生：不一定。

师：怎样"恰当使用"呢？习作例文《鲸》可以给我们启发。预习时大家借助课后题和批注，找出了使用说明方法的句子。

出示课文："不少人看到过象，都说象是很大的动物。其实还有比象大得多的动物，那就是鲸。"教师进行引导，请学生齐读这个"作比较"的句子。

师：大的动物有很多，作者为什么不用其他动物作比较？

生：因为大象是我们常见的动物。

师：所以，可以选什么样的事物作比较？

生：要选用我们常见的事物进行比较。（相机板书：熟悉）

师：那咱们把"象"换成"大型陆生动物"，好不好？

生：不好，因为我们不知道"大型陆生动物"到底是什么。

师：所以，我们要选择什么样的事物作比较？（相机板书：具体）

师：因为熟悉，所以易懂；越容易让同学明白，就越恰当。

恰当地使用说明方法，学生的确不容易掌握，所以当教师对学情了解后，就以习作例文为学习工具和支架来突破教学的重点和难点，促进学生习作能力的进阶发展。

对学情的了解，就是充分体现了"以学定教"的教学思想。只有教师全面了解学情，课堂才有针对性；只有把课堂真正交给学生，让学生参与进来，课堂教学才是最有效的；让学生成为学习的主人，课堂才会变得更加活跃，更加充满生机。

在带领团队教师进行教学研究时，我经常对教师们这样说：

"追求本真、朴实的教学风格就是要在了解学情，真正站在学生学有所得的基础上去教学，而不是为展示自我而教学。"

"专注地看着学生的眼睛，弯下腰来倾听学生发言。"

"从关注文体特点的角度来选择教学内容切入点，试着采用合适的教法来上出课型特点。"

"教学环节不必繁复，贪多嚼不烂，学生学有所得最重要。"

"教师的姿态要往后退，让学生来表现，这才是真实的课堂。"

我和工作室的教师们认真了解学情，努力把教师的姿态放低，往后退一步，充分发挥学生的主体作用，整个教学过程更突出学生的学习、质疑和探究，把更多表现的机会留给学生。争取通过平实而又富有激励性和引导性的语言引领学生，让学生通过自主学习、探究获得知识，形成能力。

三、搭建支架是手段

"支架"一词来源于建筑中的脚手架。支架式教学是建构主义教育学家所倡导的教学模式之一，它是在苏联心理学家维果斯基的最近发展区理论基础上发展而来的。它是以学习者当前发展水平为基础，运用多种方法引导学习者主动建构知识技能，就像沿着脚手架那样一步步向上攀升的教学策略。在实际的教学中如何来运用呢？我们以重庆第二届课堂教学竞赛刘刚老师的《故事新编》为教学案例进行探讨。

《故事新编》是统编版小学语文四年级下册第八单元的一篇习作。刘刚老师以《龟兔赛跑》这个老故事为例，重新设定故事的结局，进而创编新的故事，引导孩子们去发现这老故事在写法上有什么秘密，边读故事边预测。本次习作关键教学点有两处：一是要引导学生习得《龟兔赛跑》这老故事在写法上的秘密，选择自己熟悉的一个故事，故事的主人公不变；二是重点强调"新编"，多角度地变换结局、想象情节，要编得合情合理。

师：（出示四格漫画）看这是哪个故事？

生：狐假虎威。

生：龟兔赛跑。

师：这些都是老故事，有多老呢？我们来猜猜，龟兔赛跑这个故事有多少岁？

生：2000 岁。

师：还是小了。

生：5000 岁。

师：太大了，没有这么多岁。

生：我猜有 2060 岁。

师：这也太精确了。我们来看看有多大。（出示）

生：2600 年了。

师：这真是一个很老很老的故事了。这么老为什么还能一代又一代地流传下来？

生：因为它的情节有趣。

师：有趣的故事谁不想读呢？

生：因为它蕴藏了很多道理。

师：我小时候爸爸就是用这个故事来教育我，让我别骄傲。

生：我觉得还因为跑得比乌龟快的兔子竟然输了，就很有趣。

师：是啊，不一样的结果，就很有趣。除了这些，在写法上还有什么原因呢？我们这一节课来探究。

这样的开头设计，课前交流非常轻松，用孩子喜欢的方式——猜，重新认识龟兔赛跑这个故事。在交流的过程中，除了搞清楚为什么要创编故事外，还介绍了这节课的学习支架，做到了高效、落实。

师：从写法上看，真是因为前后情节发生了大反转，这个故事就更有趣了。我们今天学习的是故事新编，但是也不要忘记了老故事里藏着的老方法。

（板书：×××）

师：用上它，我们也能编成故事。来，结局是兔子赢，开头是——

生：乌龟赢。

师：情节一——

生：乌龟赢。

师：这个情节（情节二）呢？

生：兔子赢。

师：最后呢？

生：兔子赢。

师：书上又给了我们什么建议呢？

生：假如我们选乌龟又赢了这个结局，还是要用上大反转这个方法构思故事。

师：一对比，就实现了情节的大反转，虽然我们是故事新编，但是我们要用上老故事里的这个老方法来进行——

生：故事新编。

用"四格图"作为支架来梳理故事，很适合四年级孩子的思维方式。即使到了四年级，段落的写作仍然是非常重要的。把故事拆分成开头、情节一、情节二、结尾，大大地降低了学生写作的难度。同时用"四格图"作为支架，前后的反转会很形象，这就是我们常说的方法可视化。这样的写作会让孩子觉得更轻松。

师：我发现大家的象声词用得很好，掌声送给他们。很有趣的四个故事。还有没有？咱们再选一个来说说，你想到了什么特点的兔子？它发生了什么事儿？

生：我想到的是倒霉兔，它没有看到路况，往另外的方向跑了。

师：刚才是以兔子作为主角，如果是以乌龟作为主角呢？我们来看教材。假如这是一只特别聪明的乌龟，它遇到了下坡路怎么办呢？看这里，头一缩，迅速地滚下去。这只聪明的乌龟，还会利用工具呢，你看它用了滑板，还有——

生：宝物。

师：想想看，它还可以用什么？

生：它还可以利用自己的特点，我把它想象成海龟，遇到河可以游过去。

师：乌龟也会游啊。

生：如果它是一只特别聪明的乌龟，它就可以找别人借自行车，这样它就可以赢了。

师：好有想法。这只龟会骑车了。

生：可能它会遇到一条河，河神看见它，觉得它很可怜，就把它送到了终点。

师：好神奇，神仙都被请来了。同学们，刚才我们在教材的提醒下，把兔子和乌龟作为主角进行了新情节的创设。

我们常说怎样用好教材，这是非常重要的。教材通过示例，让我们明白，每一个故事会有不一样的结局，是因为故事的主角有不一样的性格，在遇到事情的时候，自然会做出不同选择，那么故事就会有不一样的结局。刘老师通过教材分析让学生发现了这一点，所以，学生的小组合作学习非常成功，每个人都选择了一个有个性的主角进行创作。故事也变得非常有意思。

师：（出示微课。微课的内容是，选择乌龟作为主角。通过主角遇到什么情况、主角怎样想的、怎样做的、故事的结局等内容来展示新的情节。具体是，乌龟看到小象在打高尔夫球，让小象助它一臂之力，小象挥动长鼻子，把乌龟甩到领奖台上获胜。）

师：拿出习作单，根据问题支架开始你的"新龟兔赛跑"吧！

一部分学生学会了并不代表所有的学生都学会了。从前一部分的自主创作，到用微课搭建的问题框架，把创作的方法清晰化，通过遇到新情况、主角怎么想、怎么做、结局怎样来进行创作，让每个同学都能体会到创编故事的乐趣。

生：他写了兔子遇到了什么情况，怎么想的，怎么做的，还写了结果怎样。

师：满足这四个要求，对吧？是啊，我们看到了一只怎样的兔子，并且它怎样做了，结果它输掉了比赛，对吗？掌声送给他。谁还想来试试？

生：我写的是这样的。小乌龟好不容易爬到了大炮发射基地，它想，如果自己被大炮发射出去会是怎样的呢？它让小熊把自己发射出去，满足自己的超人梦想。小熊把它装到炮管里，它被射到了领奖台上，赢得了比赛。

"写漏了，补一补"可以对照检查四个方面：遇到什么情况，怎么想的，怎么做的，结果如何？"写少了，添一添"可以对照检查"怎么做的、怎么想的"。其评价标准精准，能够很好地帮助学生在课后修改自己的习作，形成自己的故事新编。

师：同学们，你们喜欢这个故事吗？

生：喜欢。

师：同学们，我们今天创编了故事。从故事的整体构思上，我们用了大反转的老方法，新创编的时候，我们用上了新情节。我们三年级还学过很多故事，比如《井底之蛙》《狐狸和乌鸦》，让我们用上今天的方法，一起来重编这些故事吧。

（分享特别精彩，同学们这一节课真学会了这些方法。还可以总结提升一下）《龟兔赛跑》的故事流传了 2000 多年，它之所以这么好玩儿，就是因为情节有了大反转。我们讲故事新编，就是为了让老故事散发出新的魅力。我们还可以再读一读这些故事，再编一编这些故事，再讲一讲这些故事，让更多的人体会到故事带来的乐趣。

教学评价是课堂教学中最难的一环，刘老师搭建评价支架，评价标准从模糊到精准，从有标准到用好标准，努力构建起教学评一致的表达课。

刘老师的《故事新编》一课，与学生一起在真实的表达过程中发现和寻找表达方法，共同建构学习、评价的表达支架。教师从一开始就带着学生从原来的阅读体验中发现"大反转"这个老方法，将故事新编的"新"

表述为"新情节、新特点"，抓住了故事新编的本质，接着用微课突破难点，建构出"遇到什么情况—怎么想的—怎么做的—结果怎样"的表达支架，最后用"写漏了，补一补""写少了，添一添"引导学生自评自改，整个教学过程简单明了，一气贯通，教师教得轻松，学生学得有效。

通过《故事新编》这个案例，我们发现，在我们的教学中，支架可以有效降低学习难度，激发学生的学习兴趣。同时，运用支架来学习语文符合小学生的认知规律，能让学生的语文学习更自主、更高效，从而达到"教是为了不教"的目的。

四、投入情感是保障

教学强调的是教与学的统一，教学过程也因此包含了师生情感的双向交流。作为教师，我们不仅要关注对学生知识的传授、能力的培养，而且要关注和学生之间的心灵交流和滋润。日本东京大学教育学博士佐藤学在他的《静悄悄的革命》一书中，通过和事物对话、和他人对话、和自身对话的活动过程，创造了一种活动性的、合作性的、反思性的学习。书中指出："让教室里的学习成为每个学生都能得到尊敬、每个学生都能放肆地打开自己的心扉、每个学生的差异都能得到关注的学习。"[①]中国也有古人云："亲其师，信其道。"学生一旦把老师当作朋友，就会感到一种亲切感，就敢于向老师表达自己的见解，乐于去展示和分享。同时，对老师的教导也就越容易理解与接受。由此可见，只有先建立师生之间的情感联系，课堂上才能配合默契，心有灵犀。所以，从某种程度上来说，师生间情感联系的紧密程度决定了课堂是否具有效能。而想要和学生建立稳定的情感桥梁，教师就必须做到对语文教学真情实感的投入，对学生有真情实感的关怀。

1. 对教学真情投入

不少教师总以为把课上完了，书教完了，作业批改完了，任务就完

---

① ［日］佐藤学：《静悄悄的革命：课堂改变，学校就会改变》，李季湄译，北京，教育科学出版社，2014。

成了。这充其量只是把教书当成一项养家糊口的工作来做，其教学效果也就可想而知。但如果把教书当成一项终身热爱的事业的话，教师自然会对这一职业投入一种特别的情怀，深知自己的责任并形成自己的教育理想和信念。

人生中有无数的选择，自选择成为一名教师那一刻起，就应该对教育事业充满热爱，并为此倾注满腔的热情。只有真正做到甘愿为实现自己的社会价值而自觉投身到这种平凡工作中，才能产生巨大的拼搏奋斗的动力。在实际工作中严格要求自己，赢得学生的爱戴、家长的信赖、学校的认可。当你站在神圣的三尺讲台上时，为祖国培养栋梁之材的神圣使命就传到了你的手中，教师的肩上就扛起了祖国的未来。为了传承知识、塑造灵魂、提高全民素质，我们需要扎根在这片广袤的土地上，夜以继日、呕心沥血地用心浇灌每一朵含苞待放的花儿。也正是这份神圣的使命，让教师成了民族希望的引领者，再看着手中盛放的五颜六色的花朵，我们岂可不去热爱与忠诚！

只有在语文教学中投入真实的情怀才能激发和调动学生的学习热情和参与意愿。这正如夏丏尊先生在《爱的教育》译者序言中所说："教育没有了情爱，就成了无水的池。"①一堂有情怀的语文课，应该是把孩子们一个一个地调动起来，让他们都能全身心参与到课堂中。有了热爱教学的情怀就敢在课堂上等待学生，就能不让任何一名学生掉队，舍得在课堂上停下脚步来等待，关心、赏识孩子，让学生能够感受到老师对他的真心、对他的赏识。孩子们感受到自己在课堂中的主体地位，感受到老师像朋友一样，情绪也就越来越高，课堂也越来越轻松。最后孩子们的思维也开始发散，他们才会真正地热爱这一堂课，才会热爱他所学的知识。

这不禁让我想起，一次在借班执教《杨氏之子》时，我注意到座位在最后一排的一个男孩子，从开始上课就低着头，不敢抬头看老师，也不敢看旁边的同学。同学们在大声朗读课文的时候，他从来就没有张开

---

① ［意］亚米契斯：《爱的教育》，刘月樵译，北京，商务印书馆，2014。

嘴；同学在发言的时候，他也很默然，仿佛今天的课堂与他无关。在讲到杨氏子的聪慧表现在哪里时，同学们很快找到相关句子："儿应声答曰：'未闻孔雀是夫子家禽。'"此时，我突然发现他抬起了头，看了我一眼，也许这只是他的一个无意识的眼神。我想，在我的课堂不能放弃任何一个孩子。于是，我快步走到他的面前，对他说："我相信你，一定能够把这个句子读出来，你有信心吗？"他抬起了头，看了我一眼，很快又低下去了。其实从他那怯怯的眼神当中，我能看出他一定是觉得有点难，但是我没有放弃。我继续对他说："没事儿，只要你站起来，就是一种进步。"听了我的话，他站了起来，我马上竖起了大拇指，接着又对他说："你能读一个字，就读一个字，只要你发出声音，这又是一个进步。"这个时候他嘴巴动了一下，可是没有任何声音发出来。我依然用眼神鼓励他，可他还是不敢读。于是，我请他的同桌和他一起来读，同桌读完了，他依然没有出声。这个时候，我在想：难道真的要放弃他吗？这毕竟是节示范课，那么多的老师看着我，完不成教学任务，怎么办呢？但是如果这次我放弃了，可能以后他更不敢参与班上的学习了。"你和他一起读，女孩子的声音大一点儿，你小声地跟着读。"这次的鼓励终于起了作用。他开始读了，声音很小很细，但是我很欣喜，他终于读书了。"这一次读，你的声音大点儿，同桌的声音小一点儿，我们再读一遍，你会读得更好！"这一遍他的声音稍微洪亮了一点。"最后一遍，只是你一个人读，但是我给你一点儿勇气，我把手放在你的手上，让我的力量传达到你的手心中。来，大声地读这个句子。"这个时候，他洪亮地把这个句子完整地读了出来，此时全班同学情不自禁地鼓起了掌。此时的他，抬起头看着我，脸上有点微微的笑容。接下来，我一边上课，一边观察这名同学，只见他嘴角已经微微上扬，眼神也随着我的手势、随着我的身形在转动，他已经默默地开始学习了。临近下课时，大家都在仿照句子抢着回答："孔指以示儿曰：'此是君家果。'儿应声答曰：'未闻——'"此时，这个男孩这节课上第一次主动地举起了手，我特别高兴，连忙走到他的面前说："这个问题，你回答完，我们就下课了。"

他站起来自信地回答，回答完毕，全班又一次响起了掌声。

对语文课堂教学投入真正饱含热爱的情怀，课堂才会洋溢着老师的真情和学生学习求索的热情，而不只是充满冷冰冰的知识。真学语文强调的是老师的真情投入，不断地在课堂语言交流和互动中和学生建立情感纽带，促使学生在入情入境中感受学习，加深体验，主动学习。

2. 对学生真心关怀

德国教育家第斯多惠说："教学的艺术，不在于传授，而在于激励，唤醒与鼓舞。"①教学不是作秀，课堂也非少数优秀学生的舞台。现代课程论之父、美国教学论专家泰勒指出："学习是通过学生的主动行为而发生的，取决于学习者做了些什么。"因此，语文课堂的效率不仅取决于老师教得怎么样，而且取决于学生学得怎么样，而老师对学生进行真情实感的关怀是实现真学语文和提高学生学习效率的必要条件。

（1）关注全体学生

学生是语文学习的主体。语文教学要突出学生的主体地位，教师就得站在学生的角度，更多地去思考如何让学生的主体地位得以凸显。特级教师贾志敏，一贯主张淡化自己、突出学生就是这个道理。教师的眼中一旦有了学生，就会在上课前提前考虑到学生的特点和需求，在课堂上关注学生的学习状态，转变教学方式，适时有效地调动他们的学习情绪，让他们始终保持着一种浓厚的学习兴趣，从而更好地以学定教，达到教和学和谐统一，相得益彰。

如《棉花姑娘》一课，该课文讲棉花病了，叶子上长满了蚜虫。它请求燕子、啄木鸟、青蛙等给自己治病，可它们心有余而力不足，治不好棉花的病。正当蚜虫得意地吸食着棉花的汁液时，七星瓢虫把它们一扫而光。棉花又快乐地生长着。

这篇课文寓科学常识于生动形象的故事之中，但是有的老师考虑到一年级的学生生活经验不足，对棉花的特点、作用及在生长中遇到的问

---

① 于永正：《教育有个名字叫"激励"》，载《青年教师》，2009(5)。

题都没有实际的生活体验，如果生硬地讲解，只会让学生感觉苍白无力，兴趣全无。于是，教师以情唤情，从"姑娘"一词入手，对这个词进行字形分析、朗读感悟，唤醒学生对棉花的喜爱之情，然后通过对蚜虫的介绍及图片的展示，使学生对蚜虫产生厌恶之情。因为爱棉花之深，所以恨蚜虫之切，才有了后面的求医之急。在这一个例子中，正是因为老师眼中有学生，才能想到用"以情唤情"的方法，才能让学生获得丰富的情感体验，才能给学生以润物细无声的浸润与滋养。

（2）给予学生发展性评价

真学语文倡导对学生的真情关怀和肯定。同时，现代心理学研究也表明，当学生的某种良好行为出现之后，如能及时地得到相应的认可，就会产生满足感，形成愉悦的心境，并使同类行为向更高层次发展。可见，人人都渴望得到赏识与认可，学生也不例外。课堂上，教师准确、合理、富有激励性的评价，能更好地调动学生的积极性，增强他们的自信心。但这并不意味着老师需要在语文课堂教学中一味地给予学生积极评价。相反，笔者认为老师对学生最有益的关怀就是实施发展性评价，这与新课程改革的要点不谋而合。

所谓"发展性评价"就是要从发展的角度看待每一个学生，让评价彰显出对学生发展的作用。正如美国著名教育评价学专家斯塔弗宾所言："评价的目的不在证明，而在改进。"[1]这意味着在语文课堂上，老师给予的发展性评价能让学生在原有的基础上收获明显的进步和成长。而将发展性评价落实到语文课堂教学中最简单直接的方法就是注重鼓励和耐心引导，避免"一锤定音"的否定评价。对于举手发言的孩子来说，我们应该对其中正确的回答进行有针对性的鼓励，对其中出现错误的回答进行温柔指正和耐心引导，并给予学生重新实践的机会。

例如，在一次教学中出现这样一个案例。老师要求学生说出"慈祥"一词的含义。

---

① 黄慧英：《论低段起步作文评价策略》，载《新课程（上）》，2015(6)。

师：你能说说"慈祥"的意思吗？

生：慈祥，就是满是皱纹的脸。

（从语言角度来分析，这绝对是错误的。但老师没有马上表明观点，或请他人代答，而是耐心地追问）

师："慈祥"可以从哪里表现出来呢？

生：脸上。

师：对，你刚才的说法有正确的地方。但能不能说"慈祥"就是脸呢？

生：不能。

师：是不是所有的脸都能表现"慈祥"呢？

生：只有老人的脸才能表现慈祥。

师：你的想法又进了一步，很好！那是不是所有老人的脸都能表现慈祥呢？例如老巫婆，也能表现出慈祥吗？

生：不，善良的老人才是慈祥的。

就这样，教师放慢了节奏，一步步引导，耐心静听花开的声音。

总而言之，真学语文下的课堂是一个充满发展性评价的课堂，也是一个轻松愉悦、允许和包容孩子出错的课堂。孩子身处这样的课堂中，可以时时刻刻地感受到被关怀、尊重和爱护，对语文学习的信心和学习兴趣也因此增加，从而更容易达到"真学语文"的目的。

作为教师，要真诚地让从来不敢在课堂上发言的孩子树立起信心；要耐心地让读课文结结巴巴的孩子通顺地读完一段话；要努力地引领学生经历从不懂到懂、从不会到会、从错误到正确、从失败到成功的成长历程……这样的教学才真正有意义、有价值。的确，学生的成长才是语文教学的出发点和归宿。

第三章

真学语文：
发现真学生

真学语文课堂应回归语文教学的主体对象，立足于学生身心发展的基本特征，照顾多数又不忽视差异，主动让学生学习语文知识，创造生动而不呆板、活泼而不浮躁、充实而不庞杂的语文课堂。

第一节　小学生身心发展的基本特征

小学生是指 6～12 岁学龄阶段的儿童，其身心发展较为缓慢而平稳。我国发展心理学对学生身心发展特点的相关研究主要从生理发展、认知发展和社会性发展三个方面展开。[①] 笔者尝试通过介绍小学生阶段的身心发展状况，为有效开展真学语文课堂教学提供心理学依据。

一、小学生的生理发展

小学低年级的学生在身体发育上处于平稳发展的时期，其身高平均每年增长 5～6 厘米，体重增加 2～3 千克，心率、血压、肺活量及其他生理指标都不稳定，且与成年人的指标有较大差距，骨骼易弯曲，肌肉力量较小，大肌肉动作的协调性比幼儿期有很大的发展，但小肌肉动作的协调性还较差。比如，一年级的学生写字时，不仅速度慢而且不工整。小学低年级学生的脑功能发育处于"飞跃"发展的阶段，他们的大脑神经活动的兴奋水平提高，表现为既爱说又爱动。小学中年级学生的各项生理指标只在量上比低年级的学生有所提高，基本没有质的飞跃，仍处于平稳发展之中。但是他们的大脑处于迅速发展的时期，大脑神经的机能得到进一步加强，特别是大脑内的抑制蓬勃发展，使心理活动更趋稳定。高年级的学生，身体发育再次进入一个高速发展期，被称为第二发展期，此时，他们不仅身高体重明显增长，而且肌肉骨骼的力量也在迅速增强。

二、小学生的认知发展

儿童进入小学之后，日益复杂的学习任务以及实践活动促使其认知

---

①　林崇德：《发展心理学》，杭州，浙江教育出版社，2002。

得以发展，依据皮亚杰的认知发展理论，小学阶段的儿童处于具体运算阶段，能够完成前运思阶段儿童不能完成的守恒任务，思维具有可逆性。

小学生从笼统、不准确地感知事物的整体逐渐发展到能够较精确地感知事物的各部分，并能发现事物的主要特征及事物各部分间的相互关系。小学生的注意力不稳定、不持久，且常与兴趣密切相关。小学生的记忆最初仍以无意识记、具体形象识记和机械识记为主。小学生最初没有形成系统的思维模式，在发展的过程中逐渐从模糊向清晰发展，他们的想象具有很强的模仿性和简单直观的特点，随着年级的升高，这种模仿性会逐渐降低，他们开始形成自己的思维模式，形成简单的想象。小学生的思维是从具体形象思维向抽象思维发展的，但这种抽象思维仍具有很大的具体形象性。

三、小学生的社会性发展

随着年龄的增长，小学生的情感逐渐变得更加稳定、丰富、深刻，低年级小学生虽已能初步控制自己的情感，但还常有不稳定的现象。到了小学高年级，他们的情感更为稳定，自我尊重，希望获得他人尊重的需要日益强烈，道德情感也初步发展起来。小学生的身体各器官、系统都生长发育得很快，他们精力旺盛、活泼好动，但同时因为他们的自制力还不强，意志力较差，所以遇事很容易冲动，意志活动的自觉性和持久性都比较差，在完成某一任务时，常是靠外部的压力，而不是靠自觉的行动。

小学生独立性的发展在低年级并不显著，直到小学四年级至六年级才有较快发展。小学生自制力和坚持性都普遍偏低，其原因是低年级儿童主要受外部因素（如教师、家长等）的控制。随着年龄增长，儿童对外在控制因素的依赖性逐渐减少，但其内部控制的能力又未发展起来，还不足以调节和控制自己的行为。

第二节　小学生语文学习的主体特征

一、主动性

语文教学要以学生发展为本体，发挥学生的主体性，一切以学生发展为着力点，为此，教师要培养学生的主体意识，善于通过文本的美感去激发学生的情感，并和学生展开互动交流，使学生有课堂主人翁的感觉。如统编版五年级下册《草船借箭》一课中，周瑜说："诸葛亮神机妙算，我真不如他！"教学时选准"神机妙算"这个重点词语作为切入点设问："神机妙算"的"妙"字体现在诸葛亮的哪些行为上？诸葛亮立军令状所面临的困难有多大？取箭时诸葛亮为什么能马到成功？这样展开设问，能使学生在问题的逐一解答中有所发现，激发求知欲，增强阅读兴趣。正如陶行知先生所说："只有民主才能解放最大多数的创造力，而且使最大多数人之创造力发挥到最高峰。"小学语文教学改革必须研究儿童，发现儿童，每一种教学流派，都基于对儿童的理解与发现，基于某种儿童观。[①]　真学语文，发现儿童的主体地位，让学生在尊重、平等的环境氛围中体现出主体地位。

二、交互性

教师与学生都是教学中的主体，并且是交互中的主体，时刻发生交互、对话。教师和学生承认彼此之间的差异，以开放和交流取代对抗与冲突，真正把彼此当作完整的个体去看待，在承认彼此差异的基础上开放自我，坦诚地接纳对方，真正做到心灵间的交流。真学语文强调教师与学生双方展开思想的碰撞，教师教学方法鲜活，学生思维活跃，学法指导灵活，凸显小学语文课的工具性与人文性的统一，真正体现教学的科学性与艺术性的统一，两者唇齿相依、相得益彰，就一定会使教师与

---

① 张康桥：《儿童是什么——反思当前小学语文课堂教学中的儿童观》，载《人民教育》，2007(17)。

学生在教学中共同分享、进步。

如于永正老师在教学《草》这首诗时有这样一个片段。

师：同学们，今天回家后，把这首诗背给妈妈听，好吗？

生：好！（孩子们异口同声）

师：（对着一个孩子）我暂时当你妈妈，你背给我听听，可以吗？

生：好呀！（学生兴致勃勃地背着）

师：我丫头太棒了，这么短时间就会背了。

师：谁愿意回家背给哥哥听？

生：哥哥，我背一首古诗给你听！

师：哪一首？

生：《草》。

师：这首诗呀，太简单了吧。它是"神仙"李白写的，对不对？

生：哥哥，你记错了，是白居易写的！

师：反正都有个"白"字！（众笑）我先背给你听听：离离原上草，

一岁——

生：一岁一枯荣！

师：还是弟弟记性好！（众笑）

师：谁愿意背给奶奶听？（指一名学生到前边来）现在，我当你奶

奶。奶奶不识字，年纪大了，耳朵也不好，你要有耐心。

生：奶奶（声音很大），我开始背古诗了！

师：好！背什么古诗？什么时候学的？

生：背《草》，今天上午刚学的。

师：那么多花不写，干吗写草啊？

生：（没想到，停了一会儿）嗯，是……那是因为小草生命力太强

了，一把野火把它全烧死了。可是到了第二年春天，它又长出了嫩绿的

新芽，又活过来了！

师：噢，我明白了。背吧。（生背）

师："离离原上草"是什么意思？我怎么听不懂？

生：就是一望无际的草原上草茂盛极了。

师：还有什么"一岁一窟窿"？（众笑）

生：不是"一岁一窟窿"，是"一岁一枯荣"。枯，就是干枯；荣，就是茂盛。春天和夏天，草长得很茂盛，到了冬天，就干枯了。

师：后面两句我听懂了。你看俺孙女多有能耐，小小年纪就会背古诗！

这个教学活动寓教于嬉、寓教于乐，虽是检测环节，但充满新意、高潮迭起。其实，教师不断变换角色，与学生展开生动的对话，绝不是哗众取宠，师生之间的对话是智慧的，对作者的认知、对诗句的解读、对诗理的感悟都无痕地渗透其中。于永正老师巧妙地引导、智慧地开启学生思维，学生对诗的文、情、道品得有滋有味，这当是教师们对小学语文课程改革不懈追求的纯真的课堂教学境界。

三、共通性

当前关于语文课堂教学的模式可谓是百花齐放、百家争鸣。过去评价一堂语文课大多倾向于精心组织教学，精确安排时间，运用现代化的教学手段、精彩的画面、动听的音乐，让学生尽情地接受视听享受，增大课堂容量。这种语文课上得既"紧张"又"活泼"，全在教师的严密组织和控制之下，学生正襟危坐，教师环环相扣，看起来达到了语文课堂教学的最佳效果。其实这样的课堂大有程序化的倾向，形式华美，内容丰富，节奏紧张，但学生不一定能集中注意力，也没有足够的时间对大容量的内容思考与消化，最后学生收效甚微。在课堂改革的今天，我们更应保持清醒的头脑，严防热闹背后的误区，因为语文不是老师"教"会的，而是学生"学"出来的，是学生大量语文实践的结果。真正的语文课堂教学不雕琢，不粉饰，让每个学生都发自内心地主动参与，真正投入。① 学生与文本共通，学习知识，发现问题，思考问题，自建知识框

---

① 谭少元：《论主体性原则在语文教育中的实施策略》，载《广西广播电视大学学报》，2008(4)。

架系统；学生与老师共通，敢于提出问题，质疑权威；同学之间共通，交流互助，从而有所得，有所提高。我们只有这样转变语文课堂教学模式，语文教学才能"返璞归真"，真正发挥学生的主体作用。

第三节　真学语文促进学生真实发展

语文有其自身的本质规律，真学语文所遵循的也是其固有的本质规律，需要理解、对话和共情，激起学生本性发展。正如叶澜教授谈到，好课的第一点，即有意义的、扎实的课。初步的意义是他学到了新的知识；再进一步是锻炼了他的能力；再往前发展是在这个过程中有良好、积极的情感体验，使他产生更进一步学习的强烈需求；再发展一步，在这个过程中他越来越主动地投入学习中去。这样学习，学生才会学到新东西。① 真学语文课堂中教师基于真实的教学场景引导学生情感共鸣，与文本、教师对话，真实展现自我。

一、理解

教师要潜心研读文本，用心感受文本的深层奥义。大多数语文教师在钻研教材时，不面对自己的内心，没有自己的理解，而是急于去找各种教学参考书，对资料过度依赖，导致"自己的大脑成了别人思想的跑马场"。在进行教学设计时亦难以取舍，往往过度借鉴，没有自己的清晰思路，导致课堂上师生疲于应付，失去教学本该拥有的沉静、思考和碰撞。教师应该在读懂课文的基础上进行教学设计，教学设计的关键是要解决"教什么""怎么教"的问题。教师要善于依据学生的特点、课程标准和单元教学目标制定课堂教学目标。教学过程设计应能够尊重学生的天性、体现自身的特点和清晰的教学设计思路，也要理性地规避来自教研力量的强制干预。② 真学语文课堂中需要理解，促进师生共同发展。

---

① 叶澜：《好课的基本要求》，载《中国教师报》，2013-09-11。
② 魏薇：《语文教师当读真书、说真话、做真我》，载《语文建设》，2013(1)。

二、对话

当今的课堂正在发生静悄悄的革命，教师单一的话语中心的教学模式，正在被师生对话中心的教学模式所替代。在课堂教学中，教师与学生都是言说者，在主客体交互作用中，彼此尊重，多向沟通，相互理解，共同促进，趋向教育和谐。对话有别于传统意义上的对话，是一种师生双方全感情、全身心、全情感、全理性的对话，并且这种对话模式不止于一般层次上的对话，而是以平等为基础的对话，是对以往教师单向交往模式的纠偏，通过对话完成教师对学生的教育。学生是学习的主体。当学生的学习处于真实状态时，教学活动才是有效的、有积极意义的，这种学习才称得上是"真学"。① 在课堂上，教师与学生之间交流，增进相互认识，彼此对话，互相进步。

师生在课堂中人格平等，共同享有话语权，教师只是作为平等中的首席，引导对话的进行，学生在课堂对话中也应充分享有言说的权利，并积极主动地思考和提出问题，师生在课堂对话中共同学习、共同成长。师生发挥主观能动性对教学文本进行共同探究、共同创造，这一过程是建构性的、生成性的、指向未知领域的探索过程，师生的发展主体性得到充分的凸显。通过课堂对话，使师生从"我—它"关系转变为"我—你"关系，从而由两个对立个体逐渐走向协调和谐共同体，促进情感化与和谐化师生教学交往的形成。② 课堂对话不仅仅是一种有效的教学方式，更是课堂中师生的存在方式和精神状态，充溢着师生的情感、态度与价值观。

三、共情

叶圣陶先生早在 80 年前谈到小学国文教育应当怎样改革时，曾明确提出"须认定国文是发展儿童的心灵的学科"的著名论断。真学语文课

---

① 陈成龙：《真语文是"真知""真教""真学"的融合》，载《语文建设》，2013(25)。

② 吴欣娟、娄立志：《从虚假到真实：中小学师生课堂对话重建》，载《当代教育科学》，2014(23)。

堂要有情，要情意浓浓，摒弃枯燥的讲解和机械的训练，以情感人，以情动人，情洒课堂，情倾学生，情注语文。这种情要真，真情流露，不矫揉造作，不煽情，要避免教师热情洋溢，学生无动于衷。要有激情，要用情感拨动情感，用心灵叩击心灵。① 教师的情还可通过得体的服饰、优雅的体态语，一举手、一投足，一笑一颦，让学生亲其师，信其道；一幅画、一首诗，一唱一和，学生情、教师情、文本情，情情共振，做到身临其境，入情入境，情景交融，情理交融。

教师与学生彼此分享自己的感悟，开放式地交流与对话，真正形成师生情感共同体。在日常教学生活中，教师要善于用自己的情感之弓去拨动学生的感情之弦，能够引领学生乐此不疲地穿行于林间小路，徜徉于溪边田头，留恋于满目风景，从而使得学习的过程成为生命拔节的过程，成为语言与精神同构共生的过程，成为不断有所发现、有所创造、品味成功的过程。② 教师应该对教学内容准确把握，知道什么东西对于学生而言是最重要的，应引领学生细细琢磨、用心研习；而有些东西则由于学生已知、已会、已懂，或只要提供一定的情境、条件，学生也同样可以知、可以会、可以懂，是不应该告诉学生的。教师还应对学生有清晰的认识，知道学生有着怎样的知识背景，形成了哪些初步的能力，对学习持怎样的态度；知道学生今天的学习需求和必须提供的基本条件；知道学生依靠已有的学习经验、方法和策略能够解决哪些问题，跳起来能完成怎样的任务。此外，还应从学生的需要出发，着眼于学生的兴趣、能力，依据现有的条件去建构出充满生命张力的课堂。所以，真实的课堂应演绎出诗情画意的生活，展现出百鸟争鸣的风景，散发出芬芳袭人的气息。如此，语文学习将成为一种发自内心的企盼，成为一种源自满足和成功而获得的信心。

---

① 毛文清：《语文课的本色教学与教学本色》，载《当代教育科学》，2011(22)。

② 郭乐静、崔云宏：《教在今天，想在明天——小学语文教育应体现对学生发展的终极关怀》，载《教育理论与实践》，2006(14)。

第四章

真学语文：
实现真实的学习

第一节　学生学习的特征

一、以目标为中心的学习

美国当代著名的教育家和心理学家本杰明·布卢姆于 20 世纪 70 年代提出目标教学法。布卢姆认为，预期要达到的教学目标是否明确和具体，直接影响着教学的成效，教学目标是教学活动的出发点和归宿。[①]在教和学的过程中，师生心中都要有目标。特别是教师，心中不仅要有教学目标，而且要强化学生的课堂学习目标意识。只有这样，师生才能形成合力，调控教和学的行为向预设的目标努力。由此看来，教师的教与学生的学都要围绕目标展开。

1. 以课程标准为中心的学习

学生的学习要以课程标准为中心开展，课程标准的确定对教学有着导向作用，在教学设计过程中，课程标准占据着核心位置。所以，课程标准既是教师教学的基本依据，也是学生学习的标准。

《义务教育语文课程标准（2022 年版）》明确提出，义务教育语文课程围绕立德树人根本任务，充分发挥其独特的育人功能和奠基作用，以促进学生核心素养发展为目的，以识字与写字、阅读与鉴赏、表达与交流、梳理与探究等语文实践活动为主线，综合构建素养型课程目标体系；面向全体学生，突出基础性，使学生初步学会运用国家通用语言文字进行交流沟通，吸收古今中外优秀文化成果，提升思想文化修养，建立文化自信，德智体美劳得到全面发展。[②] 课标规定了学科教学的目的、任务、内容及基本要求，因而教师必须熟读课标，准确把握每个学段的目标，这是教学的准则。课标积极倡导自主、合作、探究的学习方

---

① ［美］洛林·W. 安德森等：《布卢姆教育目标分类学》，蒋小平等译，北京，外语教学与研究出版社，2009。

② 中华人民共和国教育部：《义务教育语文课程标准（2022 年版）》，北京，北京师范大学出版社，2022。

式，学习方式变革的实质是学习理念的根本性转变，不仅强调语文学习方式的变化，更重要的是强调了学习和发展的主体，确认了学生在课程、教材、教学中的主体地位。语文学习的效果最终要落实到学生主体上，没有学生的自主参与，语文学习活动无法开展。

2. 以学段目标为中心的学习

课标在"总目标"之下，分别提出"学段目标与内容"，各个学段相互联系，螺旋上升，最终达成总目标。

统编教材按照阅读与表达并重的原则进行安排，学生的复述能力就是联结阅读与表达最好的方法。复述是一项重要的综合性语文训练，因为复述可以促进学生口头语言转化为书面语言，也可以促进学生对课文内容的理解。复述在不同学段中的要求是不同的，我们可以根据年段要求指导学生学习。二年级的复述是引导学生讲故事，利用插图、关键词语、提示、图表来讲故事。在统编版小学语文二年级下册第七单元《青蛙卖泥塘》的课后练习中，出现了"分角色演一演这个故事"的要求。教师可以引导学生在充分朗读课文的基础上，完整地讲出课文中已有的内容，还可以根据自己的理解"添油加醋"地讲故事。如小鸟、蝴蝶、小兔、小猴、小狐狸都说了泥塘的缺点，但没有具体说明，这个时候就可以根据文中泡泡的提示对角色进行扮演。可以模仿前面老牛和野鸭说的话，也可以根据课文内容发挥想象自由说话。先说泥塘的优点，再说泥塘的缺点，中间用上"不过、就是、但是、可是"等词语，如果在讲故事中融入了自己的情感，发挥了自己的想象，故事也就在讲述中完整地呈现出来了。这个讲故事的要求比较低，只要抓住关键信息把故事讲清楚就可以了。二年级的讲故事是为三年级的复述做准备的。三年级是要求学生进行详细复述训练，把复述故事作为单元的语文要素进行集中训练。三年级下册第八单元中的语文要素就是："了解故事的主要内容，复述故事。"通过借助表格、示意图、文字提示等方法，让学生明白复述故事是要用自己的话来讲故事，养成复述故事的好习惯。从学段目标来看，学生对复述由感性认识到理性训练，目标由简要到详细，从语言训练到习惯养成，学段目标呈螺旋式上升。四年级在年段要求中，是对学生进行简要复述训练。在四年级上册第八单元中也提出了明确要求。从要求可以看出，训练目标在攀升，在复述中要注意事情发展的顺序，抓住课文的主要内容复述，对文本的故事信息从"全面具体"到"关键情节"，引导学生学会筛选整合内容。五六年级对复述的目标就更高了，要求学生进行创造性复述，高年级复述已经从故事的全面性和准确性走向了可能性和创造性，鼓励学生在尊重课文内容的基础上，加上自己的想象，进行个性化的复述。比如六年级上册的《书戴嵩画牛》，当学生理解了课文内容以后，可以设计这样的复述环节，"讲讲我的故事：1. 今天天气不错，放牛去喽……2. 我是杜处士，特别喜欢收藏名家书画……3. 我是苏轼，听说杜处士喜欢收藏名家书画……"，学生就可以从不同角度进行创造性复述。

不同年段对复述的要求各有不同、各有侧重，从讲故事到详细复述到简要复述到创造性复述，训练目标层层推进，学生复述能力也逐步提高，促进了学生语用能力的整合。由此可见，年段间的学习是相互关联的，而每一个年段的目标要求也不一样，有相互奠定作用和衍生功能。由点到面，就像一个网状的结构，每一个知识点、每一个目标都能互相连接，都有知识的递进，学生能力的提升也能直接感受。

3. 以单元目标为中心的学习

目标的设定既精准又有限，我们要将有限的目标进行分解，设定成层级目标，一步步推进，在学习中引导学生逐步达到目标层级，最终实现学习目标。有的目标不但要注重文本，而且要结合单元来进行分解，分散在每一课里，关注系列，由学到用。在这一过程中，要有理有趣，既要让学生习得知识，又要让其感受到语文的趣味性。课堂教学要尊重每一个学生的个体差异，善于引导，巧于点拨，精于激趣，使学生爱上语文课，饶有趣味学语文，真正成为语文学习的自主者。

例如，统编版小学语文三年级上册第四单元编排的阅读策略是预测。单元导语主要从两方面点明预测单元的语文要素：一是在阅读过程中进行预测，顺着故事情节去猜想；二是通过这个单元的学习，了解、掌握一些预测的基本方法。单元编排了三篇课文，精读课文《总也不倒的老屋》旨在"学习预测"，略读课文《胡萝卜先生的长胡子》旨在"练习预测"，《不会叫的狗》旨在"独立预测"；三篇课文作为一个整体呈现，训练目标层层递进。口语交际"名字里的故事"和习作"续写故事"，均与预测方法的学习紧密相关，能引导学生试着迁移运用在本单元阅读课上学到的"预测"的基本方法。交流平台能让学生体会预测策略的重要性和意义，使其能够迁移运用预测策略，成为积极的阅读者。通过这一系列活动，学生会更加关注文章的重要内容和细节，会更有意识地在阅读中主动思考，进而提高阅读的兴趣与主动性。基于单元分析，在教学时，可以对整个单元的教学目标进行细化和分解。

在一个单元里，每一篇课文看似独立，实则有着密切的联系。我们要紧扣单元的人文主题和语文要素理清教材编写的意图、明确单元的教学地位和重难点，站在学生的角度，结合学生已有的知识和经验，研究学生的心理，确定符合学生的学习目标，对学生的知识构建和能力发展有着重要作用。

4. 以课时目标为中心的学习

要想学生收获多，教师在备课时就要设计具体实在的教学目标。此时的教学目标也是学生的学习目标，学习目标真正做到了"少而精"，学生的学习才有重点，学习效果才会明显。例如，统编版小学语文二年级上册《树之歌》，教师预设了本课的教学目标：（1）引导学生运用归类识字法、换一换、加一加等方法正确认读15个生字；（2）能正确书写木字旁的生字，重点指导书写左右结构的生字。

为了完成以上学习任务，教师安排了以下教学环节。

【案例】

1. 学文识字，体验不同的识字方法

（1）自由借助拼音练读课文，整体感知儿歌。

（2）默读课文，圈画文中的树木名称，并标上序号。

（3）借助拼音读准树木名称。

三年级上册第四单元教学目标统整

人文主题与语文要素	单元教学要点	课文	课时	单篇教学要点
人文主题：猜测与推想，使我们的阅读之旅充满了乐趣。 语文要素： 1. 一边读一边预测，顺着故事情节去猜想。 2. 学习预测的一些基本方法。 3. 尝试续编故事	1. 正确识记30个生字、5个多音字，规范书写13个字，准确区分13个词语。 2. 学生能够通过题目、插图、情节对故事进行合理预测，体验预测为阅读带来的乐趣。 3. 学生通过比较预测情节和文章情节的异同，丰富阅读经验和阅读策略。 4. 结合阅读体验并运用预测策略，预测故事的发展和结局。 5. 在使用预测策略阅读课文的实践中，培养学生预测的意识，提高预测能力，建构预测习惯，成为积极的阅读者	《总也倒不了的老屋》	3	1. 通过借助拼音、结合生活经验等方法，识别"暴、凑"等7个生字，理解"暴风雨、孵小鸡、偶尔"等词语，会写"洞、准"等13个字，会写"变成、门板"等13个词语，比较、区分"水"与"冰"、"西"字在"漂、晒"中、"土"字在"墙、壁"中的异同。 2. 运用题目、插图和故事内容反复等依据，一边读一边顺着故事情节，预测故事的发展，初步感受预测的好处和乐趣。 3. 将自己的预测内容与实际内容进行比较，理解预测的内容跟故事内容可能一样，也可能不一样。 4. 运用故事线索，编写新的故事情节——在蜘蛛出现前，老屋还会遇到什么动物，发生哪些故事
		《胡萝卜先生的长胡子》	2	1. 通过借助拼音、结合故事情节、课文插图等方法，集中识字的方法，识别"萝、卜"等5个生字，结合生活经验理解"愁、沾、晾"等字的意思。 2. 通过课文题目、插图和故事内容，一边读一边顺着故事情节，预测故事的后续发展情况，在阅读实践中，产生丰富的想象。 3. 在阅读过程中，将自己的预测内容与课文实际内容进行对照，不断核查并修正自己的预测，进一步感受预测的好处和乐趣。 4. 根据列举的文章或书的题目，抓住关键词联系生活大胆预测文章或书的内容，在预测与文本之间进行验证，交流预测经历和收获，产生阅读这些文章或书目的兴趣，拓展阅读
		《不会叫的狗》	1	1. 通过借助形声字的规律、换偏旁、组词等方法识别课文中的"吗、讨"等16个生字；运用近义词、反义词的方法巩固新词；在语境中辨别多音字的读音。 2. 依据课文情节发展反复的特点，结合生活经验，一边读一边预测故事的情节。 3. 实践运用预测的基本方法和途径，预测故事的结局，对照原文结局，体会预测的多样性，感受边读边预测的乐趣。 4. 建构学生边阅读边预测的习惯，选择一本同学不熟悉的课外书，让同伴尝试运用习得的策略进行预测，成为积极的阅读者

2．观察学习，发现生字的共同点

(1)观察这些树木的名字，发现生字的共同点，都有"木字旁"。

(2)总结识字规律——字理识字。形声字学习方法①：相同的偏旁，一群好伙伴，该读什么音？看看另一半！

(3)用上述方法拓展认识其他树木的名字。

3．图文识记，总结识字方法

(1)自主学习，细读儿歌前两句，找到插图中对应的树木，标上序号。

(2)看树形，认识"杨树、榕树"，感知树形；看颜色，认识"枫树"。

(3)形声字学习方法②：形声字，最好记。看偏旁，猜字义。

形声字学习方法③：熟字加偏旁，读音很相像。意思有区别，偏旁帮你忙。

4．书写指导，区别部件的高矮差异

(1)出示两个木字旁的字，指导木字旁的形态变化。

(2)引导学生观察右边部件的宽窄、高矮。

(3)范写指导"杨、柏"，学生自学书写"枫、松、桐"。

(4)展示学生作品，师指点，生对照评价。

5．齐读儿歌，内化巩固所学的内容

作业：1．和同学一起创造不同的方式读儿歌。

2．收集一些特别的树叶，试着编几句儿歌。

3．翻翻字典，找找带有木字旁的字，用今天学的方法记一记。

从以上案例我们发现，从教学目标的预设到教学过程的实施，突出了教学重点，教师为了让学生自主识记、规范书写本课的生字，注重学习方法的总结，并且把生字进行归类学习。由此看来，教学目标决定课堂教学的方向，课堂教学目标明确，教学才有针对性，学生学习才更加明确化、具体化。

目标是语文教学的根本，没有目标的语文教学就成了"无根之木，无源之水"，学习没有方向。教与学，学生的学尤其重要，要看到学生学习的力量，让语文教学目标更为清晰、精准，让学习目标更容易让学生把握，做到认认真真教语文，扎扎实实学语文。

二、以学生为主体的学习

建构主义学习理论提倡的学习方法是教师指导下的以学生为中心的学习，即以学习者为中心，在整个教学过程中，教师要发挥组织者、指导者、帮助者和促进者的作用，利用情境、协作、会话等学习环境要素，充分发挥学习者的主动性、积极性和创造性，最终达到使学生有效地实现对当前所学知识的意义建构的目的。以学生为主体的学习，才会真正最大限度地调动起学生学习的主动性，才能达到最有效的教学效果，才能促进学生最大限度的"生长"。那么如何在小学语文教学中做到以学生为主体呢？

第一，创设情境，激发学习兴趣。

教师的作用不是简单地传授知识，而是引导和帮助学习者建构知识，促进其更有力地"生长"。要让学习者有力地"生长"，创设情境，激发学习兴趣就显得尤为重要了。

统编版小学语文二年级上册第二单元语文园地二中第四组的识字共有三组成语，第一组提醒人们应该"取长补短"；第二组提醒人们看事物要全面，不能以偏概全；第三组提醒人们做事应该遵循事物发展的规律，不能急于求成。三组成语采用韵文的形式排列，读起来朗朗上口。

为了让学生理解每个成语的意思，教学时先让学生用齐读、个人读、师生齐读、开火车读等方式来读成语。接下来，和孩子们玩"猜成语"的游戏，游戏规则是：我做动作，你猜成语。我的话音刚落，孩子们的情绪瞬间高涨起来。我拿出一片树叶遮住了一只眼睛，一只只小手高高地举起，"老师，我知道这个成语是一叶障目"。我又拿出一张纸裹成了一个空心的圆柱体，把"圆柱"当作望远镜来看豹子图片，孩子们争着回答"管中窥豹"。"剩下的交给你们来表演好吗？""好！"聪明的小杨同学用双手做了一个水流成河的动作，一下就被同学们猜到是"水到渠成"

了。有个性的小董同学跑到讲台上，做了一个南瓜落地的动作，平时最不爱思考问题的同学抢着答出"瓜熟蒂落"。可爱的玉玉同学双手扶着讲台，抬着头看天，还发出"呱呱"的叫声，孩子们争着回答"坐井观天"。鹏鹏同学也不甘落后，弯着腰在做拔苗的动作，恨不得一下子把苗拔高。很明显，孩子们一看就知道是"拔苗助长"。在朗读、表演、抢答、掌声中，下课铃响了，孩子们明白了一个个成语的意思。一片小小的树叶和一张薄薄的纸张竟点燃了孩子们学习的热情。

统编版小学语文二年级上册的第 21 课《雪孩子》出现了初步学会默读这一目标。为了让孩子们容易接受新的阅读方式，我导入新课之后，让孩子们找找这一课课文与其他课文有什么不一样。聪明的孩子们一下子就找到了，"老师，这篇课文好长，比前面学的长多了"。"是啊！这么长的文章怎样用最短的时间把它读完呢？老师教你们一个绝招，想学吗？""想学，想学！"孩子们瞬间激动起来了。我让他们回忆爸爸妈妈是怎样读书的，"爸爸妈妈读书不读出声音，在心里读"。"是的，不出声地读，这叫默读，就是今天老师要教给你们的方法。我们一起来试试吧！"

教师的作用不是简单地传授知识，而是引导和帮助学习者建构知识。而每个人要建构知识，又必须建立在经验这一基础上。从以上两个案例不难看出，老师在充分了解学生的经验的基础上创设情境，激发了他们的学习兴趣，使他们主动地进行了思考，积极地参与了知识的建构，真正地参与了学习，自己得到了提高。

第二，合作探究，学生在课堂的"正中央"。

建构主义认为，由于学生之间经验的差异性，交流合作学习可以丰富知识和增加经验。我们可以根据学生经验的差异性，在语文教学中，积极倡导合作与探究这一学习方式，让学生在合作与探究中取长补短，共同成长。

统编版小学语文一年级下册语文园地八的"我的发现"中，分别安排了带有反犬旁、鸟字边、虫字旁的字各一组，旨在让学生了解反犬旁、鸟字边、虫字旁所代表的意思，进一步感知偏旁表意的构字规律。

子曰："不愤不启，不悱不发，举一隅不以三隅反，则不复也。"在我国古代，孔子就提出了启发式教学的思想，反对"填鸭式"教学。在教学时，我先出示课本上带有反犬旁、鸟字边、虫字旁的三行字，让学生认真读，读后说说自己的发现。当学生说出了自己的发现之后，我让他与同桌合作，说说像这样的字还有哪些，把自己知道的说给同桌听。一下子，教室里讨论声不断，孩子们惊喜地说出了自己的发现。讨论之后，孩子们分享了自己的发现：单人旁的字和人有关系，双人旁的字和行走有关系，两点水的字和冰冻有关系，足字旁的字和脚有关系，月字旁的字和身体器官有关系，三点水的字和水有关系，雨字头的字和雨水有关系，木字旁的字和树有关系，草字头的字和植物有关系，目字旁的字和眼睛有关系……

学生们意犹未尽，在思考、说话、分享中渐渐明白了偏旁表意的特点，对祖国的语言文字也更加热爱。这节课上，我让学生学会思考、学会表达、学会分享，老师摒弃了无用的"讲"，让学生合作与探究，真正把学生放在课堂的正中央，做到了以学生为主体。

第三，扶放结合，培养终身学习能力。

学生作为课堂的主人，教师应注重发挥学生的主观能动性，体现学生的主体作用，使学生成为学习的主人，从而培养学生自主学习的能力。这就需要教师在教学时，"扶放有度""先放后扶"。先放后扶有个明显特点：运用已有的旧知。因为想要先"放"，学生就应该初步具备探求新知的能力，在此过程暴露问题。由于采用了先"放"的教学方法，那么学生在自己阅读课文时就会遇到难题，产生疑问，此时学生就会希望得到教师的解答，这样就激发了学生的求知欲。

统编版小学语文三年级上册第四单元是以阅读策略为语文要素进行编排的。本单元安排了三篇课文，以此训练学生运用策略提高阅读速度，从而培养学生的阅读能力。例如《总也倒不了的老屋》一课的课后第二个练习题："读读下面这些文章或书的题目，猜猜里面可能写了些什么。"有了前面对预测方法的教学铺垫，此时教师放手让学生通过自己的理解进行预测。俗话说，文章的题目就是文章的眼睛，读懂题目，其实也就基本了解了文章的主要内容。所以此时教师要放手让学生对文章或书的内容大胆预测，产生阅读这些文章或书的兴趣。可以鼓励学生利用课外阅读成果，验证这些故事的内容与自己一开始的预测是否一致，这样的方式，有助于培养学生的阅读积极性，拓展学生课外阅读。阅读策略的学习不局限于课文学习，还要在课外阅读中拓展开去，反复实践，学以致用，让学生在课外阅读中提高学习的主动性和兴趣。

比如，学习完本单元的三篇课文，学生掌握了预测的阅读策略后，在班级读书交流课上，选择一本不熟悉的故事书阅读，读的过程中可以在某个地方停下来，猜一猜后面会发生什么，与同伴分析自己的预测，之后老师揭示答案，让学生们在恍然大悟中验证预测。鼓励学生把这种预测的方法运用到平时的课外阅读中去，自主阅读中一个好的阅读者能够熟练运用多种阅读方法，在预测中体验阅读的快乐。

在阅读体验中，着眼单元整体，精读课文在体验中学预测，略读课文在验证中试预测，不局限于课内，在课外阅读实践中用预测，润物无声地让预测成为阅读习惯。力求达到从"教课文"到"教阅读"，从"教会知识"到"教会学习"的转变，从而在真实的阅读体验中提升学生的语文素养。

总之，正如人本主义学习理论阐述的一样，学习关乎整个人，任何正常的学习活动都应该是主动的。那么在教学中，我们就要最大限度地调动起学生学习的主动性，倡导情境式、合作与探究式学习，真正做到以学生为主体，促进学生更好更快地成长。

三、以发展为目的的学习

传统教育中重教轻学的现象随着课程改革的进一步深入而得到了较大的改善，教与学在教学过程中所占据的地位也随之发生了变化，人们对于教学的关注点已不仅仅局限于教师的教，而开始更多地关注学生的学。引导学生学会学习成为教师教学的重要目标之一，学生的学习效果也成为教学评价的关键所在。当然，学生的学习离不开教师的有效引导，而教师的教则是为学生的终身发展服务的。

《义务教育语文课程标准(2022年版)》对语文课程目标有明确概述：语文课程围绕核心素养，体现课程性质，反映课程理念，确立课程目标。[①] 因此，教师的教学，应重视引导学生开展以发展为目的的学习，即以学生知识发展、能力发展和素养发展为目的的学习。

1. 以学生知识发展为目的的学习

学习是学生获取知识的主要手段，知识目标是语文教学的重要目标之一，学生的学习自然应以知识发展为目的，建构起科学的知识体系。统编教材既注重知识的深度，又重视知识的广度，教材的内容仅仅为学生的学习提供了一个基本的框架，作为教材的使用者，教师更要清楚每一册书、每一个单元、每一篇课文在教学体系中的作用，对教材中提供的学习资源有一个全面、立体的了解，精准把握教材，有效运用教材，促进学生的知识发展。

(1)整体把握，梳理教材内容

作为学生学习的引导者，教师应该以纵观全局的意识去把握教材，并对教材内容进行梳理。不仅要了解整个小学阶段语文教材的编排特点，而且要了解每一册教材的编排特点和每一个单元的编排特点；不仅要熟知整个小学阶段的语文教学总体目标，而且要熟知不同学段的教学目标和每一册教材、每一个单元、每一篇课文的教学目标。在了解和熟知教材的基础上，还要对教材内容进行从整体到局部、由面到点的梳理，找准每一个训练点，再以点带面，达成教学的总目标。

统编版五年级上册第五单元是习作单元，整个单元以单元主题"说明文以'说明白了'为成功"为目标导向培养学生的习作能力，由单元导

---

① 中华人民共和国教育部：《义务教育语文课程标准(2022年版)》，北京，北京师范大学出版社，2022。

语、精读课文、交流平台、初试身手、习作例文和习作组成了一个完整的单元。五个板块内容紧扣本单元的语文要素"把某一种事物介绍清楚"，由浅入深，环环相扣，螺旋上升，使得"习作单元"成为一个独立完整的训练系统。习作单元的教学，应立足单元整体，充分领会教材编写的特点，不但要关注每个板块在习作单元中的作用，注重习作知识的衔接，关注文本位置与能力训练，而且要着眼于从教、学、评三方面做到习作的"一体化"教学，从而引导学生进行深度学习，完成小学阶段习作学习体系的构建，实现学生写作能力的培养与提高。

教材内容的梳理为教师的教打好了基础，也为学生的学提供了较好的学习资源，教师在教学前应将梳理好的知识进行有效的整合，不断优化教学设计，使学生真正学有所获。

（2）找准导向，关注课后习题

统编教材课后习题的编排具有很强的导向性，它为教师确定教学目标提供了依据，也为学生的学习提供了明确的指向。

《太阳》一课的课后习题是让学生读句子，结合课文内容找到文章运用了哪些说明方法来介绍太阳，并体会这样写的好处，意在引导学生关注写作方法，明白怎么写，怎样把事物介绍清楚。《松鼠》一课的课后习题是让学生把松鼠的信息分条写下来，这是在引导学生懂得写作素材搜集与整理的策略，指向"写什么"，紧接着又让学生通过句子的对比来体会表达效果的不同。两篇精读课文课后习题的编排都指向写作，为实现阅读向写作的跨越迈开了关键的一步。

"初试身手"中安排的两个练习，一个是针对说明方法的恰当使用安排的：选择身边的一个事物，试着用多种方法来说明它的特征。另一个是针对说明文的文体言语特征进行深层感悟运用安排的：把《白鹭》改写成说明性文章。这样的写作片段训练，切口准、难度小，让学生将精读课文中学到的知识尝试进行运用，为学生完成单元习作打下坚实的基础。

单元习作的课后习题安排也是各有指向。在选材上，教材提出"选择一种你了解并感兴趣的事物介绍给别人，你打算介绍什么"，通过列表举例的形式为学生提供了更多的选材范例。在构思方面，"写之前，仔细观察要写的事物，并搜集相关资料，进一步地了解事物，想清楚从哪几个方面介绍"，为学生的习作内容提供了抓手。在写作的过程中，教材提供了习作构思的方向，"写清楚事物的特点，试着用上恰当的说明方法，可以分段介绍事物的各个方面"。最后，强调了读者意识，要求习作后"与同学分享"。

在教学中，教师要特别关注课后习题，弄清课后习题的编排意图和指向，以课后习题为导向，找准训练点，各个突破，最终达成教学目标。

(3)关注体系，勾连前后知识

统编教材的各类文学常识、词汇积累、句型积累和语文要素等知识都是按体系编排的，各类知识和语文要素贯穿整个小学阶段的各册教材，却都是以由易到难、由浅入深的规律逐层渗透，使每一类知识和每一个语文要素都相互联系又各自形成一个整体的系统。

五年级上册习作单元的习作内容是利用恰当的说明方法介绍一种事物。联系旧知识，我们不难发现，三年级上册第五单元习作《我们眼中的缤纷世界》要求将观察时印象深刻的一种事物或一处场景写下来，这是习作体系中第一次出现写事物的要求。第二次是在三年级下册第一单元习作《我的植物朋友》中，要求学生从名称、颜色、气味等方面写自己熟悉的一种植物。第三次是三年级下册第七单元习作《国宝大熊猫》，围绕几个方面，查找资料，介绍一下大熊猫。第三次习作与本次习作之间的关系最为紧密，可以说本次习作是三年级下册第七单元习作的深化与提高。可见，自三年级起，教材就在有意识地渗透"写事物"的知识。前后联系、直观地看，我们不难发现，本次习作是在三、四年级从几个方面介绍一个事物的习作基础上，深化知识体系，提高习作要求，用恰当的说明方法将事物介绍清楚。

在统编教材中，像这样前后联系的知识点比比皆是，这些知识点构成了小学阶段不同方面的知识体系。在教学时，教师要找到散落在各年级教材中的同一类知识，并根据教材编排的特点前后勾连，在同类知识之间建立联系，把握教材的脉络体系，循序渐进，稳步推进学生知识的发展。

2. 以学生能力发展为目的的学习

除了教授知识外，语文课程还承载着提高学生能力的任务，即提高学生听、说、读、写的能力。正所谓"实践出真知"，学生听、说、读、写的能力正是在语文实践的过程中形成的，让学生在语文实践过程中发展各方面的能力也是语文教学的重要目标之一。

统编教材习作单元在单元整体教学思想的指导下，勾连整个单元教学内容，完全从培养习作能力出发，引导学生体会作者是如何写文章的，并设置了一系列的训练，保证学生在某项重要习作能力上形成突破，获得提升。每一节课的教学内容相互关联，整体推进，从而有效落实单元要素。习作教学体现"一体化"教学思想，注重学生学习能力本位的特点，教材、教师、课堂和学生有机地形成多位一体的学习共同体，为习作体系的形成和学生能力的发展提供了完善的操作系统。以下以五年级上册的习作单元为例进行阐述。

（1）精读感受，领路习作

在精读课文的教学中，应注重孩子的阅读感受，了解文章的表达样式，让学生感受到说明文的不同特点，体会文中运用的多种说明方法。每一课的学习都要在前面学习的基础上进行提升，注重积累学生的学习感受，写作方法的习得要与语言文字、内容的感受有机结合。

（2）交流平台，归纳写法

在感受的基础上，教师引导学生进行归纳，并交流写作方法的运用，写说明性文章首先考虑给什么人看，要说明的事物有什么作用，它周围的环境怎么样，以此来确定说明文语言的风格。在感受了不同风格的说明文的表达方式的基础上，引导学生进行总结，并内化为自己的知识储备，作为习作基础。

（3）习作运用，专项练习

习作单元的每一个板块内容都为学生打开了思路。教师在教学单元习作《介绍一种事物》时，先让学生勾连旧知识：在过去的读写实践中，你积累了哪些写好说明文的方法？由此进行习作写法的指导。当学生对习作材料的选择有了清晰的考虑后，教师可以充分挖掘"习作例文"的多种利用价值：习作前可以用它分类、强化说明方法，拓宽思路和方法，为学生的习作提供示范；习作后，可为学生解决习作中出现的问题，找到应对的解决方法。

不难看出，统编教材的习作单元以发展的眼光进行编排，着眼于学生习作能力的提升，更加注重学生写作能力的培养和习作基础的夯实。在实际教学中，教师还要善于搭建相应的学习支架，支架的搭建使习作难度降低，从一定程度上消除了学生的畏难情绪，有助于学生习作兴趣的培养和表达能力的提高。

当然，除了写的能力，听的能力、说的能力和读的能力的培养也从一年级开始以阶梯式呈现在各册教材中，在口语交际教学和课文教学中都有所渗透，教师在教学中也应从整体上把握教材，抓准每一次的训练点，遵循由浅入深、由易到难、循序渐进的原则，着眼于学生语文综合能力的形成，为学生能力的进一步提升奠定坚实的基础。

3. 以学生素养发展为目的的学习

近年来，"素养"一词越来越广泛地被人们提起。所谓素养其实就是指一个人的修养，是一个人素质修养的体现，它是通过训练和实践获得的。素养所包含的内容极为广泛，知识素养、道德素养、文化素养、能力素养、心理素养等都包含其中。这里所指的"素养"则具体指"语文素养"。"语文素养"则是指语文能力、语文知识、语言积累、语文学习方法、语文思维能力和语文学习习惯等方面的综合评价。而语文课程除了致力于培养学生的语言文字运用能力之外，还致力于学生综合素养的提升。因此，"全面提升学生的语文素养"是义务教育语文课程的基本理念之一。

学生语文素养的发展和提升同样离不开学习与实践。学习的过程是一个"教→扶→放"的过程：精读课文教会学生方法，略读课文在精读课文与课外阅读实践中间架起了一座桥梁，课外阅读放手让学生在实践中运用方法。统编教材的预测单元安排仍以略读课文结尾，在教略读课文时，我们要有意识地让学生把精读课文里学到的方法加以运用。

《不会叫的狗》就是这样一篇起到独立运用和总结作用的略读课文。在教学时，让学生回顾已学过的精读课文《总也倒不了的老屋》和略读课文《胡萝卜先生的长胡子》，对应后面语文园地中的"交流平台"，让学生总结并综合运用本单元预测的基本方法：预测不是随意猜测，要有一定的依据；可以抓住文章的题目、插图、情节、细节等线索或根据生活经验、生活常识等来推测……总结方法后，让学生运用方法预测《不会叫的狗》原文中三个不同的结局。在学生充分交流自己的预测之后，教师再揭示故事原文，让学生边听边验证预测。在这个过程中，孩子的预测结果不是老师给的，是孩子在对比体验中得出来的。无论预测得对错，孩子们都能在这样的体验过程中获得阅读的愉悦感。最后，讨论作者为什么要这样设计小狗的三种结局，想说明什么道理？一个个问题，一个个活动，让孩子一步步在预测中体验积极思考的快乐，在预测体验中不断总结预测的方法。这样的训练，不仅唤醒了学生的预测意识，而且为学生提示了交流的思路，以及语言表达的方式，为续写故事做好了铺垫，也落实了本单元的一个语文要素。

纵观整套统编语文教材，三年级的预测其实不是"新知识"，预测阅读的意识已如无声的春雨渗透于各册教材中。二年级上册《雪孩子》文后泡泡的问题里：看着雪孩子变成了白云，小白兔心里会想些什么呢？二年级下册《蜘蛛开店》的思考练习题：接下来会发生什么事？展开想象续编故事。三年级下册《祖先的摇篮》的思考练习题：想象一下，在祖先的摇篮里，人们还会做什么？这些内容都在为预测策略的学习进行铺垫。从幼儿时期的绘本阅读到低年级时期的课文、童话阅读，学生其实已经开始在阅读体验中学习预测。

更重要的是，阅读策略的学习不是一个单元就结束了，教材只是提供了一个例子，在习得方法之后，还需要在以后的阅读体验中不断练习，并尝试在不同文体中运用预测的方法进行阅读体验。比如用预测策略读小说，课前预习，看插图预测小说内容：小说发生在什么时候？在哪里？主题是什么？背景是什么？结局是什么？通过阅读小说来验证预测，并在阅读的过程中不断修正预测。也可以用预测策略读说明文，阅读时，只提供文章的题目和插图，让学生从说明对象、链接内容、会用到哪些词语、语言风格等方面进行预测。预测这篇说明文会从哪些方面介绍说明对象，会用哪些说明方法。还可以提高要求，多元思维，预测语言风格，比如，猜猜看，这是一篇平实的说明文还是语言生动形象的科学小品文？

陶行知先生在"教学做合一"理论中是这样表述的：教的法子根据学的法子；学的法子根据做的法子，事怎么做，就怎么学，就怎么教。[①]这一观点强调了理论与实践相结合是非常重要的，作为教师只有跳出传统的教学模式，让学生从自己已有的"经验知识"出发，通过引导、提问、总结等，经历知识的发现和探究过程，才能从中体验解决问题的方法与步骤。在语文学习与实践相结合的过程中，在习得知识和方法并加以运用的过程中，学生的语文知识、语言积累以及语文学习方法得以综合运用，良好的语文学习习惯不断养成，多方面的语文能力得以提升。在一次又一次的学习与实践中，反复积淀，学生的语文素养也得到了全面提升。

第二节　学生学习的方式

教学内容是教师在教学过程中有意传递给学生的主要信息，是本学

---

① 黄仁贤、涂怀京：《陶行知教育思想的理论体系与当代价值》，长春，吉林人民出版社，2009。

科培养目标的直接反映，确定的教学内容是否合理直接关系着教学目标的完成程度，所以教什么比怎么教更重要。既然教学内容在教学中的位置如此之重，那么教师要慎重地选择教学内容，把真正的知识教给学生，不负师者之名。

语文来源于生活。无论是文学作品还是语言文字，都来自于生活，生活之于语文就如根之于木。语言文字是人们为了生活而创造的，与生活有着天然的联系，它产生于生活更服务于生活；文学作品是人们为记录生活，表达生活中产生的情感而创作的，来源于生活，表现着生活。语文的外延就是生活，生活处处是语文，语文时时表现生活，教语文就是教生活。然而当前的语文脱离学生的思想和生活，语文课变成了纯技术的训练；教学程式化、刻板化，枯燥乏味；题海战术，学生苦不堪言。这些问题产生的根本就在于脱离了生活，从而使得语文教学内容变得封闭和狭隘，语文教育变得毫无生机。没有生活做中心的教育是死教育，没有生活做中心的学校是死学校，没有生活做中心的书本是死书本。真学语文就是把生活当作教学内容，通过各种方式将生活注入教室，让学生明白生活与教育是一种东西，不是两种东西。

一、阅读教学关联生活

教材是以文本形式存在的课程内容的载体，它以特定的编排方式与线索将单元导语、课文、习作、课后习题、口语交际、综合性学习活动等一些材料要素即教科书的内容组织在一起，体现了编写者对教什么与学什么的建议或设想。教材是语文教师确定教学内容的主要依据，虽然教师不可以决定教科书该选取哪些文本，但对于哪篇文章该教什么，哪堂语文课教什么，语文教师是有决定权的。教的目的都是让学生在生活中会用。反观当今的语文课堂，见小说就教人物、情节、环境；见古文就一词一句翻译；见诗词就情景交融、借景抒情、托物言志；见散文就形散神不散等。这样把文本内容分析当作主要教学内容甚至唯一教学内容，割裂课堂与生活的联系，只会让语文课越来越枯燥乏味，越来越程式化，更难让学生思维参与到语文学习中，让学生感觉语文乃是身外之物，难以投身于其中。

改变这种现状的最重要一步就是让生活回到语文课堂上来，可以从以下四个方面着手。

第一，了解作者的生活。知人论世这种读书理论早已深入我国的语文阅读教学课堂，外显就是作者简介和背景介绍两大环节。然而在真实的课堂上，学生却并不能从这两大环节中真正去了解作者及其生活，原因在于教师只是把作者简介和背景介绍当作客观的知识去教，如教师介绍鲁迅必来一句"中国现代作家"，这些高度概念化的介绍导致学生对作者的感受平面化。

纵观六年级上册的"走进鲁迅"这一单元，我们发现无论是鲁迅本人的作品，还是他侄女的文章，以及臧克家先生的《有的人——纪念鲁迅有感》，都蕴含着鲁迅在《这也是生活》里说的一句名言："无穷的远方，无数的人们，都和我有关。"在教学这个单元时，如何把只闻其名、不识其人的鲁迅先生展现在学生面前，让学生真正理解鲁迅是伟大的无产阶级文学家、思想家和革命家呢？在整体教学的预设时，利用《少年闰土》一课，让学生"初识闰土，了解鲁迅的文学成就"；利用《好的故事》的教学，引导学生利用课后资料以及自己查阅的资料，了解鲁迅当时的生活状况，还原当时的社会环境，进一步去了解作者的生活与思想。

作者的生活是打开文本秘密的钥匙，要用好这把钥匙，就要把作者简介和背景介绍生活化，把黑白的作者生活和背景生活还原成鲜活的样子。

第二，再现文本的生活。每一个文本都作为一种独立的生活存在，大部分会远离学生的生活，学生很难靠文本去理解文本中的生活，这就需要教师再现作者笔下的生活情境。如《好的故事》离学生时代久远，加上语言表达和现在有很大差异，所以必须借助资料才能真正读懂课文。教学时，教师补充鲁迅的《鲁迅日记》，学生阅读日记，了解文章写作的地点，以及写作背景，了解当时北京的状况。通过补充资料（《社戏》节选），读出鲁迅的家乡又是另外一番景象。以此帮助学生对课文内容的理解。最后让学生借助资料，理解文章所要表达的深意。结合课文内容并借助第一则冯雪峰的评论，知道梦是作者的希望。结合第二则资料，知道梦境和昏沉的夜是有特殊含义的。针对不同的教学重难点，运用不同的资料；突破的重难点不同，有的资料可以反复使用，也让学生加深了对资料的理解。

通过上面的例子，我们发现教师可补充与文章相关的其他实际内容，可以增加、印证作者的相同感受，总之要让学生真正感受到作者当时的生活，学生才能更好地体会文章的主旨。

第三，结合学生的生活。人类对新知识的内化都是在自己已有的知识经验上进行的，所以教师要了解学生的生活经历，教学生以自己的直接经验为基础去理解、接受和内化新信息。读者大多喜欢根据自身生活实践体验去感受、理解或者评价文本中人物的动作、言语、心理状态等，教师应该相机抓住文本中与学生已有生活体验的相似点，让学生的生活体验与文本中的生活发生碰撞，从而使学生快捷地进入文本情境，在抽象中感悟到具体，在枯燥中感悟到情味，深入地领会文章内容。例如，走进鲁迅单元的习作安排了《有你，真好》，就是把阅读与习作紧密联系起来，让学生联系生活，发现自己对他人、对社会的关注之情，以及责任担当。

第四，引入社会生活。语文课堂是学生接触社会生活、了解社会生活、分析社会生活的一个重要平台。为此，语文教师必须要时刻关注社会生活，把社会生活当作教学内容的一个方面。在教学中，教师可以根据文本内容适当地引入一些学生不太熟悉而又是当下社会热点的信息，把这些与当下社会息息相关的资料穿插在课堂中，不仅能开阔学生视野，拓展学生生活空间，让学生的心灵走出校园去关注社会，而且能有效地帮助学生突破教学的重难点，让课堂变得有深度、有广度，更重要的是让学生关注社会，培养学生的社会责任感。

让生活这股活水滋润语文课堂的每个角落，就应该把作者生活、文本生活、学生生活、社会生活四个主流当作语文教学内容，让生活走进课堂，走进学生的心灵。

二、习作教学再现生活

写作是运用语言文字进行表达和交流的重要方式，是认识世界、认识自我、进行创造性表述的过程。可见写作有两个重要意义：一是用来表达自己；二是用来让别人通过文字了解自己从而进行交流。叶圣陶先生在讲作文缘由时，认为人写作也不外乎两个原因：一是为了自己，将自己在生活中不同寻常的体验或感悟记录下来；二是为了他人，将自己的经验或心得写下来供他人参考。无论是表达的内容还是交流的内容都应该是关于自己切身生活的，可见作文应该写实在之事，表实在之情。

就如《中国语文教育忧思录》所提到的一样，中学生的作文看不到学生的生命力，大同小异的立意，千篇一律的材料，很少有发自内心的真言真语，更少见独辟蹊径的思想。[①] 教学中，说起写作文学生就畏惧，每当教师要求写作文，学生抓耳挠腮、搜肠刮肚，极不情愿地、极其痛苦地完成作文练习，与完成作文后莫大的解脱感形成鲜明的对比，作文似乎是教师绑架学生写的一样。学生害怕写作、不愿写作的根本原因就是写作材料匮乏，总感觉无东西可写。出现这样情况的原因是：一来，学生短暂的生命经历中，几乎没有经历人间的大喜大悲；二来，学生不会将自己有限的生命体验与写作联系起来。

生活是一切创作的来源，只要教师把生活这股活水注进学生的心灵，作文便是水到渠成的事。如某位教师在给学生上第一节语文课时要求学生写一首短诗，在学生苦恼写什么时，教师直接把学生带进美丽的校园中，让他们去观察、去感受其中的一草一木，第二节语文课教师便收获了一首首满含惊喜的小诗。

所以从某种意义上说，教作文就是教学生怎么生活。

第一，教学生走近生活、感悟生活。长期以来学生过着紧张而单调的由学校和家两点组成的一线生活，除了学习还是学习的单曲循环模式

---

① 王丽：《中国语文教育忧思录》，北京，教育科学出版社，1998。

降低了学生对世界的敏感度，他们生活着，却没有体验到也没有意识到自己在生活。怎样才能让他们意识到自己生活着就是真学语文教师要解决的首要问题。可以引领学生走近自然生活，去感受花开花谢，去欣赏日升日落，感悟自然的美丽与神秘；可以引领学生走近社会生活，去感受风土人情，去感受时代的脉搏及世界的潮流，感悟社会的丰富与多彩；可以引领学生走近家庭生活，去感受父母亲日常中流露的爱意，去享受家的欢乐与忧愁，感悟家庭的平淡与温暖等。叶圣陶说，生活充实，才会表达出、抒发出真实的、浓厚的情思来。教师只有先让学生从他们那看似苍白的生活里感受到美好，享受活着的意义，才能让学生有情可感、有情可抒，才能为学生写出富有生命力的佳作创造可能。

第二，教学生观察生活、积累生活。走近了生活并不意味着学生能够发现生活细枝末节中隐藏着别样的美，也不意味着这些生活片段装进了学生的内心，还需要教师给学生打造一副可以看见生活之美的眼镜，一颗可以随时记录生活点滴的心灵。长久单调的生活磨灭了学生的童心，看不到生活的新奇。需要教师引导学生有意识、有目的主动地去观察生活，去洞察周围环境的变化，去洞察身边熟悉人物的变化等；培养学生良好的观察品质，时刻对周围事物保持一颗好奇之心，观察之时要细致、耐心；教学生一些实用的观察方法，善于调动自己的听觉、嗅觉、触觉、视觉等去观察感受事物的细微之处。观察到周围生活的变化后，还要把这些变化和从变化中得到的感悟有意识地及时记录下来，才能让写作时有东西可写。不妨让学生准备一个随笔本或日记本，随时观察随时记录，偶时感悟及时记录，因为写东西靠平时的积累。

第三，教学生分析生活、写生活。观察中得到的材料还比较粗糙，要从粗糙的材料中提炼出富有内涵的主题思想，还需要学生有较强的分析生活的能力。会用联想、对比、发散、集中等思维方式去分析生活现象，能从表象中看出本质，能从粗糙中提炼出精华，能从伪中辨别出真，能从纷繁中见出细微。引导学生多角度、多层次去分析评判生活，全面地分析材料，深层次地分析材料。将材料分析得透彻，有了分析评判能力后，才能挑选出适合作文主题的材料。有了材料还要善于用恰当的语言将鲜活的生活表达出来，富有时代气息的网络语言、富有乡土气息的生活语言等都可以用来表达多姿多彩的生活。只有生活在学生心中立体化、丰满化，学生笔下的作文才会缤纷如画、情真意切。把生活当作作文教学内容，不仅能解决学生写作材料匮乏的大问题，而且能让学生在学习生活中感悟人生的酸甜苦辣，领悟生命的意义。

例如，统编版小学语文五年级上册第五单元是习作单元，整个单元以单元主题"说明文以'说明白了'为成功"为目标导向培养学生的习作能力。一位老师在教学《松鼠》时，在让学生对课文写法有了一个清晰的了解后，出示课文第 4 自然段和一句介绍松鼠窝的句子进行类比。

1. 读一读：两块牌子主要写了什么？（①松鼠在树上筑巢或利用树洞栖居，巢以树的干枝条及杂物构成，直径约 50 厘米。②松鼠的窝通常搭在树枝分叉的地方，又干净又暖和。它们搭窝的时候，先搬些小木片，错杂着放在一起，再用一些干苔藓编扎起来，然后把苔藓挤紧，踏平，使那建筑物足够宽敞，足够坚实。这样，它们可以带着儿女住在里面，既舒适又安全。窝口朝上，端端正正，很狭窄，勉强可以进出。窝口有一个圆锥形的盖，把整个窝遮蔽起来，下雨时雨水向四周流去，不会落在窝里。）

2. 比一比：你觉得哪块牌子好，为什么？

3. 想一想：动物园里，哪块更适合？

小组学习、全班交流后发现，我们写文章一定要联系生活，要有读者意识，介绍松鼠窝时考虑它有什么作用，是写给什么人看的，语言的长短与表现形式要适宜地选择。

引导学生关注现实生活，紧扣时代脉搏，让奇妙的大自然和沸腾的社会生活映入学生的脑海，走进学生的心田，让习作源于生活，反映生活，服务生活，创造生活，并引领学生健康成长。

三、口语交际源于生活

口语交际是交际人运用口头语言和适当的交际技巧与交际对象进行

信息情感等多方面的交流从而达到自己的目的，是人们立足于社会的一种必不可少的生活技能。正常的儿童在学前就已经习得说话能力，已经能够自由、顺畅地表达内心的想法，然而上学后，学生正式进行学习，学了语文后，很大一部分同学在课堂上却不能像小时候一样顺利地表达自己，变得不会说。

我们知道，学前班孩子学习表达的时候，没有教师，没有课本，儿童靠听别人讲话从中汲取信息，自己在心里分析比较词与词之间不同的含义，自然而然地学会说话。这种无师自通的奇迹能出现的关键就在于学前阶段是在生活这个真实的言语环境中全身心去揣摩语言的。到真正的课堂教学阶段，教学内容大多脱离了学生的现实生活，学生表达的欲望大大降低，再也没有揣摩语言的热情，再加上课堂上给学生说的时间本就少，慢慢地学生就变得不会说。因此，口语交际应力求源于生活实际，又回归生活实践，使学生在生活化的教学中学会交际，提高技能，口语教学也必须遵守从亲历中习得的规律，在生活中教，在生活中用。

统编教材中口语交际的安排是这样的，每册安排 4 次（六年级下册为 3 次），小学阶段共 47 次，话题大多来源于孩子们的生活，用演绎不同角色、假想不同情节的方式来再现生活。通过语言、声音、活动的画面，创设出真实的交际情境。口语表达的终极目的是为生活服务，教师有责任把生活作为口语教学材料，教学生用嘴去表达自己的内心。如何让生活成为口语教学的主要内容，教师可以从以下角度入手。

第一，选取生活话题。中小学一言堂这种现象的形成，讲台上滔滔不绝的教师固然要负一定的责任，但是也不能全怪教师，有时候学生不愿意说，教师不得不一个人说。在教学中有的教师试图把课堂还给学生，让学生去说，但发现学生不愿意开口。但是当教师提到他们感兴趣的游戏、电影等这些与他们生活密切相关的话题时，学生就会七嘴八舌讲不停。可见学生说不说在于教师选取的是否是学生感兴趣的话题。由于教师与学生之间存在年龄、知识结构等差距，教师和学生所关注的生活角度不同，表现在教学中就是教师所设计的话题并不能真正引起学生的共鸣。只有教师遵循学生的心理发展规律，走进学生的生活，把学生关心的事物当作课堂交流话题，才能激起学生倾诉的欲望和表达的需求，从而让学生全身心地投入活动中。如我们在教学《打电话》时，首先在上课时用一段电话录音导入，让学生交流电话录音中需要改正的地方，引导学生懂得打电话应该有礼貌，说清楚自己是谁，要找谁，有什么事；接着把教材中的插图制作成微课进行教学示范；最后联系生活实际，分小组做打电话的游戏。比如，自己生病没有上学，打电话问同学作业是什么；过春节了，打电话向爷爷奶奶问好等。打电话就是基于学生的实际需求，让学生在真实的交际情境中完成有实际意义的交际任务，对学生有较强的指导意义。

第二，模拟生活情境。校园生活与社会生活有着本质的区别，但最终学生都是要脱离校园步入社会的，校园生活里的主要活动都是为了让学生日后能更好地融入社会。言语活动需要特定的环境，为了缩短学校与社会之间的距离，让学生能更真实、更深刻地感悟语言运用规律，教师也应该把营造社会生活情景纳入口语教学之中。教师可以通过选取简单的实物、运用多媒体设备、准备生动的语言描述等方法虚拟出真实化的社会生活场景，让学生在实境之中自主地去表达、去体悟生活。

例如，统编一年级上册第六单元口语交际的话题是"用多大的声音"，小贴士中的提示是"有时候要大声说话，有时候要小声说话"。教材这样编排，目的是引导学生了解一些基本的交际规则，懂得说话时要区分场合，说话的音量要依场合而定，引导学生做文明有礼的交际者。教材中设置了三幅情境图，这三个情境都来源于学生真实的校园生活。第一幅图是在阅览室里，第二幅图是在教师办公室里，第三幅图是在教室里讲故事给大家听。教学时，老师要充分地利用这三幅情境图，引导学生先想一想应该用多大的声音说话，再议一议为什么有时候要大声说话，有时候要小声说话，接着再演一演，给学生真实的体验，使学生在语言实践中形成能力，最后再进行拓展，把学生带入更多的生活场景，如运动会上喊加油，音乐厅里听音乐，公交车上聊天等，使得"尊重他人、文明交际"的理念入心践行。

第三，服务生活实践。叶圣陶说："一个学生在学校里受教育，他的成绩好或是不好，要看他的智能发展到什么程度，要看他是否随时利用了学练的东西去应付现实生活，方可断言。"如果所学的东西长时间不能用于实践，甚至连用的机会都没有，学生学习的积极性会慢慢降低。为了让学生感受自己所学的知识有用武之地，获得学习成就感，口语教学中，教师应指导学生用自己的嘴去解决周边生活的实际小问题。

例如，统编版小学语文三年级上册的《请教》，引导学生有礼貌地向别人请教；四年级上册《安慰》，提醒学生选择合适的方式安慰好朋友。再如学生买东西经常会遇到要还价的问题，如何从商贩的细微表情读出还价的空间，如何用得体的语言让商家同意让价，甚至如何通过此次交谈与商家结成熟人，这其中的知识和智慧需要学生去体悟，更需要教师悉心的指导。这样的实践机会其实很多，比如如何安慰朋友，如何倾诉心中的烦恼，如何劝说爱打麻将的妈妈，等等，而学生并未意识到这也是学习的机会，并未想到可以把自己所学的东西用上，这就需要教师有一颗体悟学生的心，把学生生活中的小问题收集起来，把这些学生并未意识到的实践机会摆在讲桌上，一起去剖析探讨，用学校学的知识去服务生活。

生活有多广阔，语文的外延就有多大，口语交际更应与生活交融，在生活中说，说的是生活。教师应该从生活中汲取教学内容，把生活拉进课堂，又让课堂去服务生活。

四、综合性学习融入生活

语文综合性学习是指综合运用语文知识去分析问题，解决问题，以促进学生语文素养的整体提高，以及学生知识能力与情感态度价值观的协调发展。它是一种语文学习活动，是一种自主、合作和探究的学习方式，是一种多元整合。不管学习活动涉及哪个领域、哪门学科，采取哪些方式，其落脚点都在"致力于学生语文素养的形成和发展"，在于"获得现代社会所需要的语文实践能力"。同时，语文综合性学习，一切均是从语文学科目标、特点和性质出发来进行的，主要目的是加强学生语文知识的综合运用、听说读写能力的整体发展、语文课程与其他课程的沟通、书本学习与生活实践活动的紧密结合。

例如，"有趣的字谜"这节综合性实践课程，为了使其更好地与学生生活实践相融，教师为学生创设开放的学习环境。具体表现在以下三方面。第一，学习时间向课外生活开放。活动的整个过程不局限于课堂，而是向课前和课后延伸，课前的延伸包括活动计划环节，课后的延伸包括各组交流之后剩余字谜的猜谜游戏活动。第二，学习环境的创设，在这堂课的课堂中，教室的四面墙壁都贴满了字谜，有学生用毛笔挥墨书写的成语谜语和古诗词谜语，有学生绘画的精美的画谜，有理性的数字字谜，还有一条条的趣字谜，长长的对联谜，把整个教室装点得文化氛围浓厚，也很好地凸显了这节课教师要传递给学生的蕴意。第三，学习内容的设定，既有教师的精心设计，又体现了学生的自主选择，学生除了自主选择了学习内容之外，还自主选择了学习方式，包括汇报学习、讨论学习、合作调查等。

由此看来，综合性学习与生活融合在一起，语文综合性学习要重视语文学习的生活化，学习空间向自然、社会拓展，学习时间向课外生活开放，学习内容向书本外开放。学习内容可以就指定内容开展活动，也可以在活动中自主选择学习内容。根据学习内容自主选择学习方式，可以是讨论、辩论、演讲，还可以是观察、调查、访问等。评价方式多样化，可以纸笔测试，可以观察记录；评价主体可以是老师，可以是学生；可以自我评价，也可以相互评价。

美国教育家杜威提出"教育就是生活"①。借助丰富多彩的语文综合性学习，学生可以在生活的空间学语文、用语文，提高实践能力。组织学生到社区做调查，撰写简单的调查报告，通过组织学生走进大自然，进行社会实践，增强学生的社会责任感和使命感，同时也达到了语文生活化，生活语文化。生活的空间有多大，语文学习的空间就有多大。

---

① 康桥：《杜威：教育即生活》，上海，上海辞书出版社，2014。

又如，一位教师执教二年级的综合性学习《十二生肖》。这堂课以"十二生肖"为主题，有机地将资料搜集、识字、朗读、表达、积累、制作和传统文化联系起来，很好地体现了综合性学习与学生生活的融合。首先，通过课前搜集资料，开课以"汉字文化视频"导入，课中"十二生肖时辰动画"讲故事，充分将中国优秀传统文化渗透其中；通过"猜甲骨文识字""倾听识字"环节，让学生在小组活动中自主认识二十四个汉字；通过"生肖儿歌我会读"环节培养学生朗读表达的能力；通过"生肖成语我积累"环节对生肖知识进行拓展延伸，培养学生积累迁移的能力；通过"制作生肖书"环节，让学生将一堂课所得进行整编成册，培养其动手合作能力。在教师组织的八个活动中，教师都非常注意每个活动与学生生活的联系。同时，活动的多样性又决定了本堂综合性学习课的开放性，不拘于书本，不拘于单一的接受性学习，而是在师生共同探究互动中，有个性地学习，建立学生自主、探索、发现及合作学习的机制，实现学习方式的多样化，更好地发挥学生的主体作用。

第三节　学生课堂学习的评价

一、课堂学习评价的方式

新课程改革下，课堂是学生学习的主阵地，在高效的课堂教学中，评价是一种不可或缺的课堂组织，它是各教学环节的纽带。《义务教育语文课程标准(2022年版)》中指出，义务教育语文课程评价要有利于促进学生学习，改进教师教学，全面落实语文课程目标。课程评价应准确反映学生的语文学习水平和学习状况，注重考察学生的语言文字运用能力、思维过程、审美情趣和价值立场，关注学生学习过程和学习进步。根据不同年龄学生的学习特点和不同学段的学习目标，选用恰当的评价方式，抓住关键，突出重点，加强语文课程评价的整体性和综合性。注重评价主体的多元与互动，以及多种评价方式的综合运用，充分利用现代信息技术促进评价方式的变革。① 在课堂教学中，既要有针对学习知识与能力、过程与方法的评价，也要有针对情感态度价值观等方面交融、整合的评价。要理解和尊重学生的自我评价和相互评价，敏锐地捕捉其中的闪光点，发挥其导向功能，激励学生积极思考，从而使课堂评价有效地促进学生的发展。因此，在课堂教学中，我们可以采用师生互评、生生互评、学生自评的多元化评价方式。

1. 教师有效评价促高效课堂教学

想要进行有效的评价，首先，要学会倾听，在倾听学生的发言中及时、准确地了解学生，才能对学生的表现给予客观的评价。很多时候我们的评价是无效的，其原因大多是没有注意倾听和关注学生的课堂表现。其次，要学会理解，通过倾听才能理解学生的回答背后为什么会这样思考。有效的评价一定是建立在倾听和理解的基础上的。从学生心理方面看，教师的评价具有权威性，当学生好奇地想要和陌生又奇妙的学习内容进行对话时，教师的适时点拨、顺势引导、及时鼓励、适当质疑能有效引导学生主动进行学习和思考。事实上，评价的过程是一个循环往复、螺旋上升的过程。教师做出评价后，学生继续思考回答，教师在此基础上再进行点拨，更好地推进整个课堂教学及学生思维的发展。

（1）评价要有针对性

在很多的课堂教学中，我们不难听到空洞、模糊的评价。比如，某位教师在执教《我多想去看看》一课时，教师板书题目后，学生齐读课题，教师随口赞道："真好。"随后指名读，而后评价道："真不错。"这样模糊的评价，学生其实并不知道到底好在哪儿、不错在哪儿，这样的评价无疑缺乏真诚的交流和有针对性的指导。

要让评价发挥其导向作用，具有针对性，可以根据不同维度进行课堂评价。针对学习内容进行评价，如要引导学生读好儿歌，可以这样评

---

① 中华人民共和国教育部：《义务教育语文课程标准（2022 年版）》，北京，北京师范大学出版社，2022。

价："你的声音真洪亮，看，小露珠听了都开心地醒过来了！"针对学习习惯进行评价，如："这位同学坐得真端正，谁能像他一样？"针对学习方法的评价，如："生活处处皆学问，你在生活中学到了这么多字，真是个有心人！""通过看图，一下你就记住了这个'春'字，这个办法可真好！"针对小组合作的评价，如："你们小组的办法可真多、真有趣！"针对情感态度的评价，如："你真是一个敢于挑战的孩子！""你真是一个善良、内心柔软的孩子"等。

要想评价发挥其真正作用，教师和学生间心灵的碰撞和情感交融也必不可少。真诚的、发自内心的评价，学生更容易接受，并受到感染。除了语言，我们经常看到在不少精彩的课堂上，教师们在听到学生的精彩回答时高兴地竖起了大拇指，学生提出有价值的问题时教师真情拥抱，或是师生共同完成一个任务时击掌庆祝。语言上的评价和体态上的评价相结合，拓宽了师生情感交流的渠道，在教学中往往这些细节更能真正打动人，一个词、一句话、一个眼神、一个微笑、一个拥抱、一个抚慰，这些都是师生间最真诚的心灵碰撞，正所谓"润物细无声"。

（2）评价要有创新性

回想很多课堂中的评价形式，完全没有变化，"棒、棒、你真棒"的掌声和喊声充斥了一整堂课。当我们对以往简单、教条化的评价进行反思时，我们发现教师评价语言匮乏、评价形式太单一。其实，任何人都有获得新鲜刺激的需求，特别是儿童，更渴望惊喜、期待变化、追求新鲜，因此教师要在评价方式上求创新，尝试多样的评价方式。

贴近生活、富有变化、幽默风趣、机智创新的评价语言才能引起共鸣。评价要因时因情、因人因文而定。当学生的回答不完全正确时，避免太直接的语言来否定学生的回答，否则既打击了学生回答问题的积极性，又伤害了学生的自尊心。课堂评价对于学优生要多启发，对于中等生要多欣赏，对于学困生要多激励。比如，回答同一个问题，针对不同层次的学生的回答也应有不同的评价方式，对于学优生可用："你真棒，想得真快，你还有其他想法吗？"对于中等生可用："你的想法挺好的，能再大声一些就更好了!"对于学困生："别着急，再想一想，你肯定能有自己的想法。"要保证每位学生在课堂上的发言权，让每位学生都能在课堂上敢于表达自己的想法，用老师的评价来引导学生树立正确的学习态度，让他们有机会尝到学习的喜悦。有时一句简单的赞美比说教更有力量。

教师还可以结合课文内容等来创新评价，如我在执教统编版小学语文三年级上册《司马光》一课时，在课堂上总能发现一些别样的思维闪现。为了引导学生感悟司马光的优秀品质，我抛出"众皆弃去，小伙伴们干什么去了"的问题，学生的回答五花八门：去找棍子拉他、去找梯子让他爬、去喊大人捞他……面对这一个个奇思妙想，我总是投去赞许的目光，或为他竖起大拇指；但却总是通过神秘的笑容予以反馈，让学生觉得自己的回答虽然不错，但老师在期待更好的解决办法。通过一个"司马光的做法有何不一样"的问题，我将学生的思考引向了深入。在学生回答之后，我的评价语略显不同："你的视角很独特""你的思维不一样"……评价语中的高频词汇是"视角""思维"。终于，有几位同学顿悟：哦！原来，大家的方法都是"让人离开水"，而司马光的做法是"让水离开人"，司马光的做法更新、更巧、更及时、更有效。至此，一个冷静沉着、聪慧机智的司马光跃然于学生的头脑之中。

教师的评价，可以启迪学生的思维。学生的思维，是灵感的闪现和智慧的火花，是我们打开童心的"密码"，是语文教学走向严密、深刻、逻辑的重要资源。教师在进行教学评价时，要注意呵护学生的自尊心，适时、适当地穿插评价。"以生为本""情理协动"是真实的语文教学世界中评价一堂语文课为"好"的基本标准。

真学语文倡导预设要多手段地了解学生的原有经验，多层次地掌握相关知识，多角度地观察学生。课堂上，我们要对学生进行及时评价，及时呼应，互动对话。碰到某种意外事件，教师不随意以批评、否定的语气对待学生，而是迅速准确地做出判断，并用合理的一个暗示、一个动作、一个提问或一句小结语进行妥善解决，保护学生的学习心理。正如苏霍姆林斯基所说："教育的技巧并不在于能预见到课堂的所有细节，而在于根据当时的具体情况，巧妙地在学生不知不觉中做出相应的变动。"①

2. 学生自主评价凸显主体地位

教学活动需要教师和学生的共同参与，在进行课堂评价时，不仅要体现教师的主导地位，更要凸显学生的学习主体地位。所以在课堂教学评价中，适当地更换评价主体，可以让评价方式多样化。可以鼓励学生大胆评价老师，勇于向老师提问题，发表独特的见解。比如，在进行写字教学时，学生可以通过评价教师的范写来加深对笔画、结构等的认识；学生通过评价教师的范读，不仅可以让自己认真聆听，而且在评价时更有了自己的思考，从而有了自己的收获。师生一起活动，多项交流评价，更换评价主体，体现了平等、民主、自由、融洽、和谐的课堂氛围，同时在活动中培养学生思维的开放性和灵活性，使整个课堂充满活力，同时也起到了教学相长的作用。

学生作为评价主体不仅可以评老师，而且可以进行生生互评，这样能有效地调动学生的学习热情。在教学中，我们要求生生互评时要做到公平、公正，既要赞赏同学的优点，又要礼貌地指出不足。在同学们的互评后，教师要及时进行总结评价，肯定同学们说得有道理，既要赞赏别人的发言，又要善意地指出不足。当然，学生的自我评价也必不可少，自我评价环节是让学生参与教学评价的一种有效手段。让学生参与到评价活动中来，不仅有助于学生及时发现自己的问题并及时改进，而且评价结果更容易被学生接受。如学生在读课文时引导学生自评、互评哪儿读得好，哪儿读得不够，哪儿读得有问题，这样就会使学生自我反思，增强朗读思考，减少朗读的盲目性，有助于增强学生的自我意识，朗读水平和自学能力提高的同时，也培养了学生互助合作的精神和乐于分享、善于欣赏的态度。

有效的教学评价既能促进高效课堂的开展，又能调动学生学习的主

---

① ［苏］B. A. 苏霍姆林斯基：《给教师的建议》，杜殿坤编译，北京，教育科学出版社，1984。

动性和积极性。它是一种方法，是一种策略，更是一种教学智慧，这种智慧需要不断地在课堂实践中锤炼，更需要师生间敞开心扉诚挚地对话，进行心灵的碰撞。

二、课堂学习评价的意义

《义务教育语文课程标准（2022 年版）》指出，语文课程评价包括过程性评价和终结性评价，过程性评价贯串语文学习全过程，终结性评价包括学业水平考试和过程性评价的综合结果。① 评价目的不仅是考查学生的学习情况，更应该是完善教师的教学，促进学习过程的真是发生。因此，形成并发展教师乐教、学生乐学的生动多样的学习评价，有着非常重要的现实意义。

在认真地思考新课程理念，分析传统学习评价的基础上，经过几年的不断教学实践研究，我认为学习评价应当从评价主体、评价内容、评价方式等方面更好地体现"以人为本、正强化、多元参与、促进发展"的功能。语文学习要用发展的观点，以发展的眼光进行学习评价，让学生成为评价的对象和评价的主体。通过学习评价可调动学生的积极性，使学生及时了解自己的学习状况，调整自己的学习行为，关注自己的学习能力。这样，学习评价就成了学生的内在驱动力，学生就能在课堂中真学语文，真有收获。

1. 评价——有助于促进学生真实学习

例如，在统编版小学语文三年级上册第六单元习作《这儿真美》的教学中，首先教师根据语文园地给出的三个例句，教会学生如何概括描述一个地方的美景。举一反三，学生就会在自己的习作中尝试运用一些概括性的语句。本课的教学目标是让学生学会如何围绕一个意思把一段话写清楚，这一目标的达成不是一蹴而就的。由于上一阶段在观察学生的学习行为之后发现学生概括性的句子掌握较好，并且有同学已经可以围绕这句话说话，并表现出强烈的写作欲望，教师改变了原本的教学计划，

---

① 中华人民共和国教育部：《义务教育语文课程标准（2022 年版）》，北京，北京师范大学出版社，2022。

及时根据动态的学习评价进行教学策略的调整。教师首先明确主体是学生，是学生的真实体验，这时老师放手让学生自己尝试围绕写好的中心句写几句话。学生写好后，教师以当地的一处美景作为素材，提供了一小段范写，学生自行对比与范文的不同，在教师协助下尝试第一次修改。在修改评价中，介入学习方法的指导，这时学生能真切地感受到自己需要提高的内驱力。选取一位同学的习作，教师进行二次修改（双实线画出中心句，波浪线画出好词佳句）。除了写清看到的景物之外，本堂课的重点和难点是还可以写听到的、闻到的，甚至由此想到的。此时运用微课，结合本单元课文进行指导，学生进行第三次作文修改。这样逐层递进，让学生在学习中有体验，评价中有真实的提高。对学生修改好的作文进行个别反馈，学生根据学习评价及评价量表自主修改。教师根据学习评价，发现学生此时对自己的作文修改已经有了一定的局限，教师及时调整教学策略，换视角再看作文，同桌进行交流，根据教师提供的第二张评价量表，给同桌以红花鼓励。这样阶梯式、动态式、多元式的学习评价，使得整堂课中每个学生都能有标准、有目标、有提高，切实地践行着真学语文思想。

本堂课中评价主体是学生，因为学习评价的出现，学生有了不同阶段性的目标，并为了达成目标而被吸引，为之努力，获得学习的成就感。这就是学习评价的重要性。

教师要用科学的、理性的、规范的学习评价推进高效课堂，点燃学生的学习热情，进而从根本上引起教师对学习评价的重视。在小学语文课堂教学过程中，恰到好处的学习评价既能对学生的知识性学习结果进行诊断，又能从非智力因素方面最大限度地激发学生的学习兴趣，从而提高课堂教学效率。选取符合学生认知发展水平以及知识掌握水平的评价标准，从多维度对学生进行评价，关注学生生命成长，让学习评价在为推动知识与技能目标的实现发挥作用的前提下最终为学生的全面发展服务。

2. 评价——有助于赏识学生自信学习

德国教育家第斯多惠曾说过："教学艺术的本质不在于传授本领，

而在于激励、唤醒和鼓舞。"①可见，每个学生都需要教师的激励。激励性的评价犹如扬帆的劲风，是学生前进的动力。

赏识教育在我们的教学中是必不可少的，它的本源就是出于对学生的爱。赏识教育是老师在教育过程中，运用欣赏、鼓励的态度去看待、评价学生的一言一行；它能重塑孩子的健康自信，发现和发挥学生的长处和潜能，使其最终走向成功。

课堂中，教师的心始终放在学生身上，做到爱心、耐心、细心相结合，脸上总是挂着亲切的笑容，让学生忍不住想去接近。课堂上，每个学生都是平等的、轻松的，似乎每个孩子都是教师的宠儿，教师关注每一个孩子，用精炼简洁的语言去启发引导孩子，用亲切真诚的语言去肯定鼓励孩子，用幽默丰富的语言去化解回答错误时的尴尬，让每个孩子都敢于表达，乐于表达。在儿童的世界里，老师的夸奖和鼓励是最伟大的，这种伟大就是令孩子喜欢的教学风格。教师要善于在不同的学生身上发现他们的闪光点，在课堂中用不同的方式表扬他们，让学生们始终保持热爱学习的心。没有学生因为回答不出问题而沮丧，反而在老师的鼓励下斗志昂扬，总是跃跃欲试。

有人说，老师走进课堂之前，一定要准备好一百顶帽子，随时给学生戴上。

如我在教学《杨氏之子》时，利用课前谈话，鼓励学生自信地运用文言文进行自我介绍。

师：我们是初次见面，我做个自我介绍。吾姓罗，名蓉，云南昆明人氏，爱旅游，好读书，乃教师是也。谁能像这样也介绍一下自己？

学生开始仿照句子进行自我介绍，我相机鼓励学生"其聪慧"。学生通过说话练习明白了文言文也可以在我们的生活中出现，不是那么神秘的。

---

① [德]第斯多惠：《德国教师培养指南》，袁一安译，北京，人民教育出版社，2001。

　　工作室老师观摩了我的课堂后，一位学员老师这样写道：罗老师在执教《司马光》一课时，老师与学生的关系是平等的，罗老师始终以学生为主体，平等地与学生进行师生互动、生生互动。善于发现学生的闪光点并及时进行鼓励，营造出一种轻松愉悦、和谐、民主的人本化学习环境。罗老师做到了"一碗水端平"，没有偏向学习认真成绩优异的学生，对每个学生都寄予了好的期望和信赖。例如，在引导认真听讲的学生的同时，不忘关注开小差的学生，"为什么罗老师提问你，那可是有原因的哟！"，用提问的方式巧妙地提醒学生专心听课；在提问时，经常说"刚才是男同学发言，现在我想请一位女同学来试一试""我看看还有哪位同学没有发过言"，不仅关注到不同性别，而且关注到了与每一位学生交流互动。学生都有一定的自尊心，罗老师能结合学生的性格、品质、课堂习惯等实事求是地给予学生中肯和赞赏性的评价。评价学生的语言也非常贴切、到位，如"我特别喜欢她的声音，我记住了她""读得多用情呀""小眼睛闪着光""你真聪明""字音读得非常准，声音也很洪亮，不愧是个小男子汉""有双金耳朵""会自夸""未来的播音员""我喜欢她""字音读得非常准，如果声音再洪亮些，那就太了不起了"等。朴实、自然的语言让孩子们有很大的成就感，激发了他们的学习兴趣。

　　在整堂课中，罗老师以公平和赏识的眼光关注每一个学生，发现其"闪光点"，以积极的态度欣赏、接受和喜爱每一个学生，并注重随机教育，不失时机地为学生的点滴进步喝彩，哪怕学生身上的一点改变，罗老师都用敏锐的眼光发现了这个小小的进步，并及时地对学生进行称赞。在某些特定的环境下，不适合用语言来交流，或者用语言达不到效果，罗老师就用一个安抚的动作，一个满意的微笑，或者一个赞许的目光去让学生感受老师的赞赏和期待，更具有激励作用。

　　课堂通过评价让学生看到自己前进的足迹，进而享受成功的喜悦，增强学习的信心和力量；通过评价融洽了师生关系，加强了师生的沟通和理解，使学生能"尊其师而信其道"。因此，教师要充分发挥利用评价，在评价中师生共同演绎课堂的精彩，增强学生学习的自信心。

3. 评价——搭建学生学习支架

习作教学中，评价也十分重要。学生经过习作体验，发现自己在写作时存在的问题，修改对学生而言是有一定难度的，需要教师搭建支架，及时指导。习作单元中的习作例文就能凸显出它的重要作用——做修改支架。以学生自己在习作中出现的问题引出例文学习，找到解决办法后再对自己的习作进行有的放矢地修改，效果就会事半功倍。如统编版小学语文五年级上册的习作《介绍一种事物》，当学生写完习作后，老师采用星级评价支架：1. 你从多方面介绍事物了吗？（一颗星）2. 你恰当地使用说明方法了吗？（两颗星）老师适时地把习作例文引入，相机出示"不少人看过象，都说象是很大的动物。其实还有比象大得多的动物，那就是鲸。目前已知最大的鲸，约十八米长，一条舌头就有十几头猪那么重……"。学生根据习作例文，明白这段话中运用了列数字、打比方、举例子的说明方法，再让学生在自己的习作中找一找自己是否使用了以上的说明方法。

运用恰当的说明方法是这次习作的重点和难点，为了突破重、难点，再次利用习作例文为修改支架，通过例文批注得知说明方法的运用也是有规范和特点的。如作比较的一定是我们熟悉的事物，选择作比较的对象，要与本来事物有相似之处，两种作比较的事物在大小、功能、外形等方面有相似点。明白例文怎样恰当运用说明方法后，引导学生再次修改习作，在亲身实践中真正聚焦"恰当"，学会使用恰当的说明方法。评价标准支架，也是学生写作和修改的支架，学生的修改就有章可循。

教师也在这样动态的学习评价中，根据学生掌握的情况及时调整教学的策略，改变教学行为，有效地促进并满足学生的发展需求。

第五章

真学语文：
展现真实践

第一节　真学语文的教学设计

一、在趣味中识字
——《动物儿歌》教学设计

【教材解析】

　　《动物儿歌》是统编版小学语文一年级下册第五单元的一首儿歌。儿歌用画一样的语言描绘小动物在夏天的快乐景象，充满了童趣。在这首《动物儿歌》中，小动物的名称都是形声字，渗透了形声字规律，旨在让孩子在有趣的儿歌学习中，领略汉字的趣味与精妙。课文插图色彩丰富，语言趣味盎然，是学生喜爱的课文。

　　课文里写的小动物大都是昆虫，要求认识的字大都有虫字旁，适合引导学生在熟读儿歌的基础上，联系大自然和教材中的图画，运用形声字规律识字。课文还适合对学生进行朗读训练，用多样、有趣的朗读形式让学生了解并感悟夏天的美好。儿歌句式工整，适宜引导学生在学习儿歌语言的同时，发挥想象力，培养口头表达能力，落实语言文字运用。

　　一年级学生已经认识了一些动物，能说出它们的名称和基本特性，还能简单地表达自己的认识。由于年龄特征，学生的表达仅是一些零碎的、不规范的语言，为此教师有必要在课堂上联系生活实际，创设他们所熟悉的生活情景，帮助他们感悟、积累和运用语言。

【教学目标】

1. 流利、通顺地朗读儿歌。

2. 会认"蜻""蜓""迷"等生字，会写"网""间""迷""造""运"等生字。

3. 初步学会利用形声字的规律识字。

4. 初步了解这些小动物的特点和生活习性。

【教学重难点】

1. 识字、写字。

2. 朗读儿歌。

【教学过程】

一、直接导入，板书课题

1. 看，课堂上飞来了六种小动物，我们一起叫出它们的名称。（课件出示六种小动物）

2. 今天，我们就要和这六种小动物一齐学习识字五《动物儿歌》，相机板书。

二、初读课文，读准字音

1. 这六种小动物不仅来到了我们的课堂，而且藏在我们的语文书中。请大家打开语文书，翻到 54 页，借助拼音自己读读课文，要求读准字音，读通句子，用横线画出书中动物的名称。

2. 你找出了哪些动物？（相机贴图）

3. 这些动物的名称你能读准吗？（课件出示带拼音的词语）"开火车"带读词语、齐读。（读得好的老师奖励卡片）

4. 很多同学手上有老师的奖品，你能把奖品上的动物名称读准吗？读准了，把它送回去。

（设计意图：学生对这六种动物并不陌生，一开课就利用图片让学生叫出它们的名称，这是利用学生的生活实际来读，然后引导学生回归课文，利用拼音读准字音，并且勾画这六种动物名称，通过五次读动物名称，学生就能把字音读准、读熟。）

三、利用规律，进行识字

1. 看，谁爬来了？指名读"蚂蚁"，全班齐读。这个"蚂"字，有什么特点？你怎么记住它？

"虫"＋"马"就是"蚂"，这是一个好方法。课文里还有好几个像这样的字呢，你能找到它们吗？

2. 自由读课文，把这样的字勾画下来。

3. 好厉害，我们相互交流，就找到了许多这样的字。我们再来一起读读，你发现这样的字，都有什么特点？

(1)这样的字都是虫字旁，都与昆虫有关。

(2)在一个字当中，像"蚂"字，"虫"这一部分表示意思，"马"这一部分表示读音，这样的字，我们叫作形声字。

(3)在生活中你还见过这样的形声字吗？

4. 我们把字的读音都读准了，谁来把课文读给大家听听？

5. 全班齐读课文。

(设计意图：授人以鱼不如授人以渔，学生对形声字识字并不陌生，这课书中的形声字特别多，特别是动物的名称，利用"蚂"字，就能让学生举一反三，学会更多的形声字。)

四、学习课文

1. 这些小动物在干什么呢？请同学们一边小声自由读课文，一边勾画下来。

请谁说说？（相机指导读词语）

词语读得这么好，课文你们能读得更好，我们一起来读。（出示课件）

这里有三个要学习书写的生字，它们是"迷、造、运"，谁来读读？你发现这三个生字都有什么特点？

——半包围结构，都是形声字。要写好这三个字，你认为要提醒同学们注意什么？

——走之底，真辛苦，先装货物，再赶路。

2. 我们跟着大屏幕书写笔顺，再看老师范写"迷"字。

老师范写，学生描红，再临写一个。（指导：笔随红走，一笔描成，笔笔到位。）

3. 鼓励：大家字写得不错，课文也一定能读好。

4. 全班齐读课文。

（设计意图：识字写字是第一学段学习的重点，识字可以一种类型一种类型地教，写字同样可以一种类型一种类型地写，在教学时，利用儿歌提醒学生写字的要点，利于学生记住并掌握。）

五、教学书写"网"

1. 蜘蛛结网忙，相机教学"网"，渗透字理识字方法。

你看，古时候，人们根据捕鱼的网造出了这样的象形文字——"网"字，这是甲骨文的"网"字，随着时间的流逝，"网"字开始慢慢演变，变成了现在的楷体"网"字。

2. 用铁丝编成的网，我们叫它铁丝网，用来捕鱼的网，我们叫它——"渔网"。你还知道哪些网？形状像网的东西——"网兜""电网""发网"……像网的组织——"网点""天罗地网""上网"……

3. 范写"网"字：同字框要立稳，上下宽度要一样。（学生书写）

4. 本课书中还有一个字是门字框的，你找得到吗？

指导书写"间"。

你认为要写好"间"字要注意什么？田字格里，门字框的字和同字框的字一样，都要立稳，上下宽度要一样。（书写"间"字）

（设计意图：利用资源，学生牢牢记住网字，找到两个生字书写的相同点，起到事半功倍的效果。）

六、反馈、点评、书写

1. 今天，我们书写了五个字，其中有三个半包围结构的形声字，一个同字框的字，一个门字框的字。我们根据书写小窍门来评价一下这位同学写得如何，先看他写得对不对？再根据书写小窍门看他得得工整吗？给他画一个笑脸☺。

2. 请你根据刚才的点评给自己一个笑脸☺，要先看"正确吗？"，再看"工整吗？"。

3. 请你再在田字格里写一个，一个要比一个好。（指导：要写好这些字，一要注意每个字的间架结构，二要注意每一笔在田字格里的位置。）

（设计意图：教、学、评要一致，学生要把字书写规范，不仅要掌握书写要点，更要学会相互评价，在评价中互相欣赏，同时找到自己书写进步的空间。）

七、齐读课文

小蜻蜓飞来了，他来跟我们告别，让我们捧起书本，读一读课文，向六种小动物说再见吧！

二、在体验中习作
——《记一次游戏》教学设计

【教学思路】

《记一次游戏》是统编版小学语文四年级上册第六单元习作。本单元主题是童年的乐趣，而单元目标中提到要"通过人物的动作、语言、神态体会人物的心情；记一次游戏，把游戏过程写清楚"。本次习作意在指导学生通过亲身体验游戏，以内心感受为线索，写出随着游戏过程心情发生的变化。在游戏中每个人的体验是不同的，让学生记录属于自己的独特体验。而神态、动作等细节描写这个难点，以"镜头聚焦"的微课形式出现，又用游戏中捕捉的真实画面让学生描述，有效搭建平台，最后落实到学生的写作上。

【教学目标】

1. 让学生能写清楚整个游戏的过程。

2. 在写清游戏过程的基础上，注重内心体验，写出自己的独特感受。

3. 把印象最深刻的画面通过细节描写，写生动、写具体。

【教学重难点】

1. 在写清游戏过程的基础上，注重内心体验，写出自己的独特感受。

2. 把印象最深刻的画面通过细节描写，写生动、写具体。

【教学过程】

课前互动

今天是我们第一次见面，知道老师姓什么吗？观察很仔细，平时你们都爱玩儿什么游戏？（看着你们脸上的兴奋我就感觉到，游戏给大家带来的轻松快乐，保持这样的状态，准备上课。）

板块一

一、撕纸游戏，记录感受

1. 今天咱们上一节习作课，齐读课题——记一次游戏。

2. 老师给大家准备了彩纸，你平时会用它做什么？此时的心情是怎么样的？用一个词把你的感受写下来，就写在作业单第一格。

3. 我们今天就用这张纸玩点特别的游戏，让大家来撕纸。你此时的心情又是怎样的？用一个词写在第二格。

（设计意图：揭示课题之后，让学生猜猜为什么每张桌子上都有彩纸？再引导学生联想：平时你会用彩纸做什么？抛出问题，让学生提起兴趣，相机要求他们说说自己的心情是怎么样的，用一个词把感受写下来。每个学生体会各不相同，比如平静、好奇、奇怪、不知道老师让做什么，教师应该充分尊重每一个孩子独特真实的感受。）

4. 做游戏就有规则：想怎么撕就怎么撕，但音乐停就要结束。一边撕一边观察周围同学的表现。

5. 游戏开始！（配乐）

6. 请同学们把你们撕纸时的心情用一个词记录下来，写在第三格。

二、体验后习作

1. 通过板书，回顾玩游戏时候的感受，并让学生在作文纸上把刚才的游戏详细地写下来，注意加上当时的感受。（5分钟）

（设计意图：在一节习作课中，"写"是最重要的环节，此环节带领学生回顾刚才的游戏：撕纸前的心情如何？撕纸时心情又是怎样的？相机总结：在玩游戏时感受是不同的，提起笔来在作文纸上把刚才的游戏详细写下来，注意加上当时的真实感受。有了这个方法指导，相信大多数同学基本会写了。）

三、借助支架修改

1. 我们来听一听他写得怎么样，注意在听的时候要看他是否按照这几点要求来做了。（出示习作评价清单）

2. 我们班的同学也写了这个游戏，（出示范文）跟刚才那位同学的比有什么不同？

3. 这个同学也玩过这个游戏，说说他哪儿给你们留下了深刻的印象？（指名）

4. 怎么把印象最深的画面写得更好？微课老师告诉你。（出示微课）

5. 请同学们根据微课老师讲的内容，把印象最深的画面写出来。（3分钟）

（设计意图：此环节给予学生针对性很强的评价，出示第一张"习作评价清单"，针对学情，把重难点放在对人物动作和神态的细节描写上，并出示例文。请出"微课老师"，再次强化教学重点后，让学生再次动手写印象深刻的部分。相信这样反复并具有阶梯性的教学环节，能扎实有效突破难点。）

板块二

拼纸游戏

1. 游戏还没结束，猜猜接下来会干什么？

2. 对，我们要把你撕碎的纸拼回去，请你们把此时的心情记录下来。

3. 听要求，当音乐停止，游戏结束。（配乐）

4. 拼完的举手，此时你心情如何？记下来（开心）。

5. 你们没有拼出这张纸原来的样子，心情怎样？当你难过的时候会有什么表情？请同学们把自己的感受记录下来。通过这个游戏，你学会了什么？

6. 回顾写作方法，刚才我们在写撕纸游戏时，既把游戏过程写清楚，又写出游戏中自己真实的心情，再加上印象深刻的画面，文章就显得具体生动有趣，现在你们就用这样的方法，把拼纸过程写下来。（8分钟）

（设计意图：在学生以为游戏快要结束的时候，宣布把刚才撕的纸拼回去。这个游戏设计给学生的心理落差是极大的，他们会有不同的反应。游戏结束后，结局分为两种：一种是拼好纸，成功了，毋庸置疑，这部分人心里是喜悦的；另一种以失败告终，这部分人内心可能是崩溃、后悔的。要让学生讨论充分并记录心情，还要说说自己从游戏中学到了什么道理。随即，教师把板书补充完整，并回顾之前"撕纸"游戏是如何写好的。这个写作方法最好让学生自己总结出来：刚才我们在写撕纸时，是既把游戏过程写清楚，又写出了心情，再加上印象深刻的画面，文章就显得具体生动有趣了。）

板块三

习作修改

1. 出示点赞单：先读读点赞单的要求，同桌互相读作文，最后请你推荐一篇在全班展示。（汇报）

2. 展示优秀作品。

3. 相机进行勾画，教师点评。

4. 玩同一个游戏，你们的感受不一样，有的同学侧重写撕纸，有的同学又对拼纸感兴趣，那么写出来的文章也就不一样。回去再修改修改，给你的习作拟一个好题目。

（设计意图：此环节出示"点赞单"，明晰四个要求后，同桌互相评作文。在本单元还学过批注，就用批注的方法，勾画出自己觉得精彩或需要改进的地方并在批注栏写出感受。这个评改方式，不仅激励学生把自己写的习作分享给他人，同样也促使双方习作水平共同进步。）

三、在诵读中感悟
——《少年中国说》教学设计

【教材解析】

《少年中国说》是统编版小学语文五年级上册第四单元的一篇精读课文。这个单元以"爱国情怀"为人文主题，语文要素是结合资料体会课文表达的思想感情。课文选自梁启超先生在 1900 年发表于《清议报》上的一篇文章，全文逻辑严谨，气势磅礴。教材节选了其中一部分，作者以整齐的句式，运用象征手法热情讴歌中国少年创建"少年中国"的英雄姿态和"少年中国"的光辉未来，鼓励人们发愤图强，肩负起建设祖国的重任，表达了殷切期望祖国繁荣富强的强烈愿望和积极进取的精神。

【教学目标】

1. 认识"鳞""惶"等生字，会写"泻""潜"等生字。

2. 正确、流利、有感情地朗读课文，背诵课文第一自然段。

3. 体会本文句式整齐、气势磅礴的语言特点。

4. 借助注释和资料理解课文内容，体会课文表达的思想感情及感受强烈的爱国情怀。

【教学重点】

有感情地朗读课文，背诵课文。体会本文句式整齐、气势磅礴的语言特点。

【教学难点】

以读促悟，了解课文用了哪些事物赞美少年中国，体会少年中国与中国少年的关系。

【教学过程】

一、读课题，导入新课

1. 今天我们就一起学习《少年中国说》，齐读课题。

2. "说"是一种古文体，可以叙事，也可以发表自己的看法。这篇文言文就是发表对少年中国的看法。

3. 唐宋八大家之一的韩愈写了一篇文章，题目就是"师说"，利用马来说明一个道理，这就是"马说"，柳宗元写了一篇对捕蛇者发表看法的文章，题目就是"捕蛇者说"。

（设计意图：引导学生从认识文体开始，培养学生的文体意识，同时让学生举一反三，学会运用。）

二、初读课文，读准字音

1. 课文昨天已经预习过了，谁来读读这些句子？

(1)河出伏流，一泻汪洋。潜龙腾渊，鳞爪飞扬。

乳虎啸谷，百兽震惶。鹰隼试翼，风尘翕张。

奇花初胎，矞矞皇皇。干将发硎，有作其芒。

(2)指名读，读准字音。

(3)提示"潜""鳞""爪""干""将""发"的读音，好记性不如烂笔头，学生在书上注音。

(4)出示生字"潜""履""疆"，生读帖，自己书写。（提示写字的姿势）

2. 这些难写的生字会写了，难读的句子也会读了，相信你一定能读好第二自然段，请同学们齐读第二自然段。

3. 最难读的第二自然段，你们都可以读好，课文的朗读一定没有问题。

4. 这篇课文有三个自然段，我请三位同学来读，其他同学注意听，是否读准了字音。

5. 我们一起来读一读整篇课文，想一想，这篇文章主要讲了什么内容？

（设计意图：学文要从读准字音开始，检查学生的预习，找准学生的学习难点，以学定教，顺学而导。）

三、再读课文，感受特点

1. 第一自然段有两句话，自由小声读第二句话：这句话有什么特

点？（读时出示第二句话）

预设：

A．这些句子都是先写少年，再写中国。

B．（1）排比句。（这句话根据字数可以把这个排比句分成几组？）

（2）你能用一组关联词语来连接第一组句子吗？（相机指导读一句）

师：如果少年智，国家就智。

学生读：少年智则国智。（读完此句）

2. 你们读完有什么感受？为什么有这样的感受？（体会"则"的作用）

师：这就是一字千钧，这就是经典的魅力。让我们把这种惊心动魄、一字千钧的气势读出来。

3. 师生合作读句子。

师读前面，生读后面。

（师）少年智，（生）则国智

（师）少年富，（生）则国富

（师）少年强，（生）则国强

……

4. 书中的少年有什么特点？默读第一自然段，找到圈出来（智、富、强、独立、自由、进步、胜于欧洲、雄于地球），指名回答，相机板书。

5. 这几组句子能交换顺序吗？为什么？正因为少年有这样的特点，所以国家才有这样的特点。像这样描写少年和国家层层递进的词语，还有一组，你能找到吗？（胜于、雄于，你怎么理解？）

所以，有什么样的少年，就有什么样的中国，分小组读——

6. 有什么样的少年就有什么样的中国。你能不能仿照着课文接着往下说一句话？

少年＿＿＿＿则国＿＿＿＿。（如你所想、如你所思、如你所言、如你所说、如你所愿、的确如此）

7. 引读：所以，（师）美哉，（生）我少年中国，与天不老！

壮哉，我中国少年，与国无疆！

（设计意图：通过引导学生发现句子表达的特点，不仅关注了文章的内容，同时也关注了文章的表达，训练了学生的逻辑思维。）

四、升华情感

1. 一百多年前的中国正处于水深火热之中，正处于国难当头之际。梁启超洋洋洒洒地写下了《少年中国说》，原文有三千多字，这篇课文是节选。《少年中国说》是在什么情况下写的呢？请同学们自由读这一段文字，了解写作背景。（多媒体出示写作背景）

2. 谁来说说梁启超是在什么情况下写了这篇文章？在这样的情况下，梁启超在《少年中国说》这篇文章中写下了这段话，相机出示："日本人之称我中国……"

（1）自由读这段文字。

（2）老师相机讲解大意。

（3）如果要把这段文字放在课文里，和课文第一自然段成为一个段落，你认为要用课文第一自然段的哪个字来承上启下，为什么？

（4）"故"是什么意思？（因此、所以）那你能说一说第一句话的意思吗？

（5）所以今天中国变得更有智慧的责任，不在他人，而（生接）——全在我少年；

所以今天中国变得更富裕的责任，不在他人，而（生接）——全在我少年；

所以今天中国变得更强大的责任，不在他人，而（生接）——全在我少年。

（6）齐读第一自然段。（根据填空提示读）

3. 这一遍，我们配着音乐来读。

（师）难怪，梁启超发出这样的赞叹：

美哉，我少年中国，与天不老！

壮哉，我中国少年，与国无疆！

（设计意图：利用资料进行拓展，进一步引导学生感受文章所表达的思想感情，为下一节课的学习做好铺垫。）

五、总结全文

课文中用了哪些事物来赞美少年中国？少年中国与中国少年有什么关系呢？我们下节课再学习。

板书设计：

13.　少年中国说

少年　　　　　　中国

智　　富　　强

独立　　自由　　进步

胜于欧洲　　雄于地球

四、在自主中阅读
——《竹节人》教学设计

【教材解析】

《竹节人》是统编版小学语文六年级上册阅读策略单元中的一篇课文。课文回忆了作者童年时代做竹节人、玩竹节人以及老师没收竹节人却也自己偷偷玩竹节人的情景，表现了童年游戏的乐趣，表达了儿童的喜悦与满足，同时也写出了老师童心未泯的一面，抒发了作者对老师的亲近与理解，字里行间流露出简易的儿时玩具带来的心灵快乐。课文通过学习提示，安排了三个不同的阅读任务，引导学生体会阅读同一篇文章，目的不同，关注的内容、采用的阅读方法也会不同。

这个单元是以"有目的地阅读"这一阅读策略为主线进行编排的。"有目的地阅读"，首先要根据自己的阅读目的，选择恰当的阅读材料，减少无关材料和不重要的材料对阅读的干扰。确定阅读内容后，还要选用恰当的阅读方法展开阅读活动，达到自己的阅读目的。学会"有目的地阅读"，能提高阅读效率，有助于尽快完成相关任务，是高效阅读的一种表现。

【教学目标】

1. 会写"豁""凛"等 14 字，会读"威风凛凛""疙瘩"等 17 个词语。

2. 能根据课文导语中给出的三个不同的阅读任务，体会阅读目的不同，关注的内容、采用的阅读方法也会不同。

【教学重点】

体会阅读同一篇文章，阅读目的不同，关注的内容、采用的阅读方法也会不同。

【教学难点】

能够采用恰当的阅读方法进行有目的的阅读。

【教学过程】

一、借助人文主题，导入新课

1. 阅读是一件快乐的事。杨绛说过"读书好比串门儿——隐身的串门儿"，意思就是要多读、通读，才能懂得自己不懂的道理，这就像是串门，只有多去交往，才能了解得更多。

2. 课件出示

读书好比串门儿——隐身的串门儿。——杨绛

3. 揭示新课

跟随范锡林走进《竹节人》，体验有目的地阅读。

二、速读课文，整体感知

1. 初读课文，整体把握

快速浏览全文，结合导读，梳理文章主要写了哪几方面的内容。有不会读的字同桌互助学习解决。

2. 梳理主要内容

结合导读，提炼主要内容。（顺势板书：做、玩 乐趣 故事）

（设计意图：梳理文章主要内容，能锻炼学生对文段的概括能力，使学生在朗读一段话或一篇文章时，能清楚其主要内容，能够更深刻地

理解文章的内涵，也为下面快速选定阅读的文段奠定基础。）

三、明确学习任务

1. 出示导读，初步明确要求

（1）课件出示课前导读。

同一篇文章，阅读目的不同，关注的内容、采用的阅读方法也会有所不同。如果给你以下任务，你会怎样读《竹节人》这篇文章？

①写玩具制作指南，并教别人玩这种玩具。

②体会传统玩具给人们带来的乐趣。

③讲一个有关老师的故事。

（2）导语给出三个任务："写制作指南""体会乐趣""讲故事"。面对三个不同的阅读任务，所要关注的内容、采用的阅读方法也不同——这就是有目的地阅读。

2. 选取任务

（1）每四人为一小组，完成组内分工。（合作要求：人人参与、一人组织、一人记录、一个中心发言人、一个负责纪律）

（2）小组内商定，从三个任务中选一个来学习。（板书：明确任务）

3. 根据任务，选取内容

（1）再次快速浏览课文，根据所选的任务，迅速找到要关注的段落。（板书：确定内容）

（2）课件出示下表。

我会根据阅读任务，选择相关的阅读内容。

阅读任务	需要关注的段落
①写玩具制作指南，并教别人玩这种玩具	
②体会传统玩具给人们带来的乐趣	
③讲一个有关老师的故事	

4. 梳理思路

（1）组内讨论怎样阅读所要关注的段落，以完成阅读任务。（板书：

选择方法)

(2)指名汇报。

(3)大家的汇报，有目的、有方法，相信有了这个策略的引读，大家的学习将会事半功倍。

(设计意图：让学生在整体感知课文内容后，根据学习提示明确本课的三个阅读任务。以小组为单位，从三个任务中选一个来学习，提高学习效率。各小组带着不同的阅读任务，快速选取相应的课文内容进行阅读，为下一步的汇报做好充分的准备。)

四、借助任务单，完成学习任务

1. 领取任务单，自主完成

(1)组长领取任务单。

(2)解读任务单要求。

(3)对照任务单的提示，独立完成。

2. 组内交流自学情况

(1)组内交流。

(2)完善任务单。

3. 小组汇报"任务单一"学习收获

任 务 单

任务一：完成制作指南

阅读提示：对照下表快速浏览课文，找到有关制作竹节人、玩竹节人的内容，勾画出重点词句，口头汇报，完成"写玩具制作指南，并教别人玩这种玩具"这个任务。

准备工作	材　料	
	工　具	
制作过程	第一步	
	第二步	
	第三步	
	第四步	

续表

玩法	基本玩法	
	创意玩法	

(1)小组上台汇报(中心发言人汇报，组内其他成员补充)。

(2)其他小组补充发言。

4.借助课后交流及表格，尝试梳理阅读方法

(1)出示课后交流(其一)。

> 为完成"写玩具制作指南，并教别人玩这种玩具"这个任务，可以先快速读全文，找到相关内容，再仔细读。

(2)梳理以上阅读方法。

(3)出示下表总结阅读方法。

阅读任务	重点关注的段落 (阅读内容)	阅读方法
写玩具制作指南，并教别人玩这种玩具		

5.根据汇报，顺势板书

6.小结任务一：阅读收获

这节课我们尝试进行有目的地阅读，通过有速度地读，找相关内容，提取信息等方法，完成了任务一，下节课我们来完成任务二和任务三。

(设计意图：《竹节人》的课文比较长，学生在课堂上对三个阅读任务逐一探究完成是有困难的，所以分组进行选择性学习。在一个小组汇报时，教师点拨指导，其他两组的同学认真听，使学生初步明白：根据不同的阅读目的，选用恰当的阅读方法；抓住重点句段加深对课文和作者情感的理解，是学习文章的重要方法。)

四、板书设计（预设）

9. 竹节人

跳读	筛选内容	制作	指南
细读	提取要点	玩法	体会
朗读	体会情感	故事	讲述

第二节　真学语文的教学课例

一、走近儿童　活学活用
——《动物儿歌》教学片断及评析

【背景说明】

2018年4月，我受邀参加玉溪马玉超名师工作室在玉溪市江川区前卫中心小学开展的统编教材识字教学研讨活动，执教了一年级下册《动物儿歌》一课。

教学活动结束后，工作室学员合跃金老师在听课反思中这样写道：师父经常教导我们，教学要以学生为中心，要在课堂上尊重学生，教学要真实地发生，学生从走进课堂，到走出课堂，都要有不同程度的提升，不要浪费孩子生命中的每一分钟……她是这么说的，也是这么做的。

她在教学《动物儿歌》这节课时，只见她两眼放光，脸上笑容如花绽放，每到一名学生跟前，她都俯下身子说话，语言无比亲切。"漂亮女孩儿，看到罗老师了吗？""她的眼睛最亮！你的眼睛也很亮！"……教学过程中，通过与学生简单地聊天，她吸引住了每一位学生的目光。

【教学片段】

师：六种小动物跑来我们课堂上凑热闹了，让我们一起叫一叫它们的名字！（出示动物卡片）

生：蜘蛛。

148

师：小蜘蛛爬呀爬，爬到了黑板上！

生：蚯蚓。

师：小蚯蚓扭呀扭，扭到了黑板上！

生：蝌蚪。

师：小蝌蚪游呀游，游到了黑板上！

生：蜻蜓。

师：小蜻蜓飞呀飞，飞到了黑板上！

生：蚂蚁。

师：勤劳的小蚂蚁也来凑热闹啦！

生：蝴蝶。

师：漂亮的小蝴蝶也来了！

【教学评析】

教学不只是口头上说说而已，她举手投足间，一只只可爱的小昆虫便浮现在眼前，这样的课堂多么有趣，多么吸引人。你会发现，她脱口而出的话里，全是浓浓的语文味——"爬呀爬，扭呀扭，游呀游，飞呀飞，勤劳的，漂亮的……"，用词无一重复，表达得十分准确，却又毫不刻意。

【教学片段】

师：跟小蚂蚁打声招呼！

（学生们都挥手招呼）

师：发现没有，小蚂蚁的"蚂"字有什么特点，你怎么记住它？

生：这个字是左右结构。

师：很好，你注意到了字的结构。

生："虫"加"马"，就是"蚂"。

师：用加一加的方法，就记住了这个字，你真是个会学习的孩子！像这样，一个"虫"字再加上另外的字，就组成了新字，今天学的课文里还有哪些？

生："虫"加"知"，就是"蜘"，蜘蛛。

生："虫"加"胡"，就是"蝴"，蝴蝶。

生："虫"加"青"，就是"蜻"，蜻蜓。

生："虫"加"科"，就是"蝌"，蝌蚪。

师：这些字，都带有"虫"，说明这些字和什么有关？

生：和"虫"有关。

师：是呀，和动物有关。罗老师遮住虫字，你还会发现，这些字的另外半边又和它的什么有关？

生：和读音有关。

师：这样的字，叫——形声字，跟老师说一遍。

生：形声字。

师：结合之前学过的课文，想一想，你还知道哪些字是形声字？

生："清"，清水的"清"。

师：除了课本上的之外，你还在生活中见到过哪些形声字？

【教学评析】

识字教学是低年级语文教学的重点，她通过引导学生发现"蚂"字的特点，找到课文中像这样的一类字。她通过举一反三，不仅教会学生识字的方法，而且教给学生迁移识字的意识。

【教学片段】

师：这些小动物在干什么？

生：蜻蜓半空展翅飞。

师（出示卡片）：请你读读这个词。

生：展翅飞。

师：全班齐读。……让蜻蜓飞得高一点！……让蜻蜓飞得美一点！……别的小动物在干什么？

生：蝴蝶花间捉迷藏。

师（出示卡片）：读读这个词。

生：捉迷藏。

师：全班齐读。……女孩子读！……捉迷藏玩得多好呀，都找不到你们了！……男孩子读！……还有的小动物在干什么？

学：蚯蚓土里造宫殿。

师（出示卡片）：读读这个词。

生：造宫殿。

师：全班齐读。……男孩子读！……造宫殿要花力气，再读！

【教学评析】

课堂上的一张张动物卡片和词语卡片，原本是最寻常不过了，却被她运用得如此出神入化，一会儿是游戏道具，一会儿是学习工具，一会儿又成为奖品，几个回合下来，使得学生对生字词语无不认读准确，掌握熟练。这样的课堂上，你永远不会觉得乏味，总是那么有趣，学习成了一件好玩儿的事。对于一年级的孩子来说，长时间保持注意力原本是不容易的，但在她的课堂上，永远有新鲜的东西在吸引着他们。

【教学片段】

师：谁有火眼金睛，能发现"造""迷""运"这三个字的共同特点？

生：都有走之底。

师：没错，还有什么特点？……如果把走之底去掉，你会发现另外的部分和什么有关？

生：和读音有关。

师：原来，它们都是什么字？

生：形声字。

师：是的，这三个字都是半包围结构的形声字。要想写好这三个字，罗老师给你们三个法宝。第一个法宝，要记住这三个字的笔顺。（多媒体演示）

师：老师喜欢她，一边看一边用手指跟着画，这就是会学习的孩子！第二个法宝，要观察这三个字的结构。刚才说过，它们都有什么？

生：走之底。

师：所以，要记住——走之底，真辛苦，先装货物，再赶路。咦，老师说的是什么意思？

生：先写里面的字，再写走之底。

师：看吧，法宝就在你们心里，只要你肯动脑筋。第三个法宝，要注意这三个字的占格。写走之底的时候——点要收，捺要放。

师示范写字，学生当堂练习。老师巡视指导，提示坐姿和握笔姿势，最后点评。

【教学评析】

写字指导的过程，既有趣味性，又具科学性。她所有的教学方法，都是学生喜欢的，符合学生年龄特点的，是有趣和有效的。

【总评】

罗老师的课堂，师生欢畅活泼，溢满了童真与童趣，教学就这样真实地发生着，学生也真实地成长起来！从一年级的《动物儿歌》到后来三年级的《司马光》，再到五年级的《少年中国说》，她的课堂总是让师生们回味无穷。课堂上，她对学生的激励与引导自然无痕，完全是艺术化的：

"如果你能用铅笔把六种小动物在文中圈出来，老师要为你竖起大拇指！"

"我们班的同学，学习习惯可真好！"

"自信的孩子最可爱！"

"读书的时候，可不要大声地吼，要像说话一样。"

"回答问题的时候，就是要像他一样，声音洪亮，大家才能听见。"

"用你最美的声音读出来！"

"为了你精彩的发言，罗老师和你握个手。收到罗老师传递给你的能量了吧？"

"火车要从坐姿最端正的地方开！"

于是，在场听课的老师们看到：学生们坐姿端正，眼神专注，小手林立，学习积极性很高。一名学生站起来拼读词语的时候，没有读准，罗老师带读了几遍，依然读不准，细心的她亲切地说："我发现了，因为你正在换牙，小牙齿掉了，所以读不准。没关系，等新齿长出来，一定会读准的！"学生始终被她置于课堂的中央。

二、听说训练　培养习惯
——口语交际《长大以后做什么》教学片段及评析

【教材解析】

《长大以后做什么》是统编版小学语文二年级下册第三单元的口语交际。《义务教育语文课程标准（2022 年版）》关于第一学段口语交际目标明确提出，学说普通话，逐步养成说普通话的习惯，有表达交流的自信心。能认真听他人讲话，努力了解讲话的主要内容。听故事、看影视作品，能复述大意和自己感兴趣的情节。能较完整地讲述小故事，能简要讲述自己感兴趣的见闻。与他人交谈，态度自然大方，有礼貌。积极参加讨论，敢于发表自己的意见。[①]

本次口语交际中涉及许多成年人的职业，这在二年级下册《语文园地二》"识字加油站"中也有涉及。教学过程中，可以通过课前"了解父母的职业""清楚表达自己的理想""提问了解同桌的理想""进行职业采访"等环节，让学生在情境中进行交际，激发学生交际的兴趣，从而促进学生倾听、表达和应对能力的发展。

【教学片段】

师：你长大以后想做什么？

生：我长大以后想当宇航员，因为我特别喜欢太空，我想到太空去探险。

生：我长大以后想做歌唱家，因为我想用美妙的歌声给人们带来欢乐。

师：两个同学的表达都很清楚，回忆一下他们是怎么说的呢？

---

① 中华人民共和国教育部：《义务教育语文课程标准（2022 年版）》，北京，北京师范大学出版社，2022。

生：他们都是先说想做什么，再说理由。

师：我们也练习用这样的句式说一说：我长大以后想＿＿＿＿＿＿＿，因为＿＿＿＿＿＿。

生：我长大以后想做医生，因为医生可以救人。

生：我长大以后想做军人，因为军人可以保家卫国。

师：他们是怎样把自己长大后想做什么说清楚的？

生：他们先说了长大以后干什么，接着借助"因为"说清楚了理由。

生：我长大以后想做美容师，因为美容师可以让人们变美丽。

师：长大以后，有的同学愿意做科学家，有的同学愿意做老师，还有的同学愿意做医生，每一个同学心中都有一个梦想。同学们在分享时，老师注意到一些同学长大以后都想成为一名教师，长大以后愿意成为一名教师的请举手。请你们分别说一说想成为教师的不同理由。

生：我长大以后想做教师，因为教师可以教会人们知识。

生：我长大以后想做教师，因为教师每年有两个假期，我可以利用这两个假期去旅行。

生：我长大以后想做教师，因为教师是最有学问的人。

师：同样都是长大以后想做教师，可是不同的人有不同的理由，老师特别喜欢这样的你们，有自己的想法并能大胆说出来。

【教学评析】

口语交际课，教会学生表达交流才是本课的重点。通过和学生再现真实采访实例，始终引导学生围绕"长大以后做什么"这一话题展开，以身边真实案例触发学生的思考，为学生规范化表达提供了语言支架。由学生自由练说，到通过教师的引导，转变为大胆地面向大家说，不仅在真实的语境中提升了学生的交际能力，而且在表达的过程中明确了本次交际的第一个要点——说清楚。这节课做到了教、学、评一致，教什么就学什么，学什么就评什么，让课堂评价不再随心所欲，而是用评价为课堂的教与学进行导航，让学生在真实的情境、真实的交流与倾听中学会表达。

【教学片段】

师：接下来四位同学为一组，仔细听清楚要求：

1. 在小组内轮流说清楚自己的理想。

2. 认真听别人的理想，对感兴趣的内容多提问。

3. 同学之间互相听一听，评一评，能说清楚给他一个大拇指，会提问的同学还可以再得到一个大拇指，开始吧！（小组合作交流练习，师巡视指导。）

师：你得到了几个大拇指？你是因为什么得到的？

生：我得到了两个大拇指，我能清楚表达长大以后做什么，也能借助"因为"说明理由，不仅这样，我还会对感兴趣的问题进行提问。

师：要说清楚长大以后干什么，得先说清楚干什么，再说清楚理由；想要对感兴趣的内容进行提问，就要听清楚别人说的话。这节课我们谈了理想，可理想光说是不行的，还需要我们努力学习，掌握更多的知识，增长本领，锻炼好身体，才能把美好的理想变成现实。最后老师衷心祝愿大家都能梦想成真，将来做一个对社会有用的人，做一个幸福快乐的人。

【教学评析】

《义务教育语文课程标准（2022 年版）》关于口语交际的评价明确提出，课堂教学评价是过程性评价的主渠道，教师应树立"教—学—评"一体化的意识，科学选择评价方式，合理使用评价工具，妥善运用评价语言，注重鼓励学生，激发学习积极性。[①] 老师以小组合作的方式，提出口语交际的评价标准，让孩子们比一比谁赢的大拇指多，并在交际活动中快乐地练习、巩固、回顾了所学到的交际方法。

三、加强诵读　学法指导
——《司马光》课堂实录及评析

【教材解析】

《司马光》是统编版小学语文三年级上册第八单元的一篇文言文，也是小学阶段的第一篇文言文。该课讲述了一个学生比较熟悉的故事。有

---

① 中华人民共和国教育部：《义务教育语文课程标准（2022 年版）》，北京，北京师范大学出版社，2022。

一天，一群孩子在庭院里游戏。一个小孩爬上了一口大水缸，一不留神儿，掉进了水缸里。大家都吓跑了，只有司马光拿起石头砸水缸。水缸破了，水流了出来，小孩得救了。从故事中学生感受到司马光身上的美好品质。课文简短，只有 30 字，很多词语的意思与现代文基本一致，比如"戏""群""众""石"。教学时，不仅要让学生明白文言文的语言特点，而且要引导学生学习运用组词，借助注释、插图，联系上下文等方法自主理解课文句子的意思，读出古文的韵味。教学中，教师要帮助学生在理解课文内容的基础上练习边读边想，明白写清楚一件事的几个要素，激发学生学习文言文的兴趣。

【教学片段】

师：今天罗老师给大家带来一个小朋友，他的名字叫司马光。"司马"是一个复姓，你在生活中还知道哪些复姓？

生：诸葛。

师：第一个发言的孩子是最厉害的。你再说。

生：欧阳。

生：上官。

师：我们一起叫叫他的名字。

生：司马光。

【教学评析】

罗老师的教学没有花架子，开门见山，直接导入。学生的学习要建立在已有知识经验的基础之上。罗老师由"司马"复姓引入学生生活中知道的复姓，形成知识积累的同时加深其印象，具有浓浓的语文味。小学生文言文的学习就这样顺理成章地展开。

【教学片段】

师：昨天我们已经预习过了这篇课文，这些生字一定难不倒你们。开火车读，火车从坐得最端正的同学他开始，如果他读对了全班跟着他读。

学生开火车读生字。

师：生字难不倒大家，这些难读的字，我相信你们一定能读好，谁来第一个带读？指名读难读的生字。

【教学评析】

开火车认读生字，趣味识字，从须认识的生字到课文中难读的字，设计有梯度、有挑战、有趣味。

【教学片段】

师：生字会读了，难读的字也会读，那课文一定难不倒大家。请你打开语文书，小声自由读课文，如果不会可以问一问同桌。

师：读完的同学就举起手来示意。（学生自由读课文，陆续举起了手。）

师：你们在读的时候，有没有发现这篇文章和我们之前学的文章不一样？

生：我发现这篇课文的字数很少。

师：她有一双会发现的眼睛，我们的古人写出的文章语言简练，这就是——

生：文言文。

【教学评析】

罗老师在学生初读之后，让学生交流这篇课文和以前的课文有什么不一样，学生谈了自己的初步感受，在老师的引导下建立初步的"文言文意识"。

【教学片段】

师：谁来读一读这篇文言文？我喜欢自信的孩子。

学生朗读课文，读得正确、流利。

师：字音读得非常准，声音很洪亮。全班一起读。

学生齐读课文。

师：每一个同学的眼睛都在看课文，老师和你们一起读。罗老师读

黑色部分的字，你们读红色部分的字。小身子坐正了，读书就要有读书的样子。（多媒体出示课文）

师生合作读课文。

【教学评析】

文言文的学习就是要靠"读"，但是"读"也是要有层次的。从自由读、指名读到学生齐读，解决字音，读正确；跟老师合作读，注意词句间的停顿。每一遍读都有不一样的目的。

此环节是依据课后习题第一题"跟着老师朗读课文，注意词句间的停顿"来设定的。教学一板一眼，步步为营，扎实有效。小学文言文教学的要求并不高，参照课后习题去设定教学目标，才能真正体现编者的意图，达到教学目的。

【教学片段】

师：想想我们为什么读得这么好听？

生：我们读熟了。

师：好，你会总结发现。

生：我们读得准确。

师：看来，你有双金耳朵。

生：因为我们读得好听。

师：会自夸。看，"一儿登瓮"，会看我的手势吗？我的手势已经告诉你了。我们为什么读得这么好听？谁来说一说？（教师示范读，做出相应手势）

生：我们读得有高低起伏的感觉。

师：高低起伏用得好，节奏呢？

生：有慢有快。

师：用这样的法宝，我们就能把小古文读得有韵味，自己再练一练。

学生自由读课文。

师：带上你的小法宝，谁读给大家听？指名读课文。

师：立书，读书要有仪式感，他的仪式感最好，腰挺得最直。

学生齐读。

【教学评析】

古文阅读，贵在自悟。课后习题第 3 题就是要让学生交流这篇课文和其他课文在语言上有什么不同。多次朗读后，再次让孩子交流，学生通过切身体验，明白文言文语调有高有低，节奏有快有慢，很有韵味。这样的能力不是教给的，而是学生自己习得的，难能可贵。课堂中，老师的引导比讲授效果好得多。

【教学片段】

师：这个故事相信你们在很小的时候就读过了，可是作为文言文你们今天是第一次见。为了让你们好学，课文下面有注释，还有插图。你们看着注释和插图，自己说一说你懂了哪一句的意思。如果不会，可以问一问旁边的同学。

生：我知道了"水迸，儿得活"的"迸"是涌出的意思。

师：罗老师考考你，水迸是什么意思？

生：水涌出来了。

师：你还知道哪一句的意思？

生：我知道"光持石击瓮破之"是什么意思，是说司马光用石头砸破了这个缸。

师：这个缸是什么样的缸？"瓮"是什么意思呀？

生：口小肚大的陶器。

师：你怎么知道的？

生：我看注释知道的。

师：看注释是学习文言文的好方法，她看注释知道了"瓮"的意思。你还可以从哪里知道瓮是口小肚大的陶器？

生：插图。

师：看插图也是学习文言文的好方法。你能看着插图，说说这句话的意思吗？

生：这句话的意思是司马光拿石头砸破了缸，小孩就得救了。

师：如果这群小孩在水里游泳，怎么说？

生：群儿戏于水。

师：学习文言文难不难？你会不会用这样的文言文说话？

生：会。

【教学评析】

学生是学习的主人，教师要学会让位。罗老师将学习的主动权还给学生，学生通过自己的学习实践，既读懂了课文，又习得了方法。

【教学片段】

师：学习文言文就是这么简单，看插图、结合注释、联系上下文就是学习文言文的好方法。你还知道哪句话的意思？

生：一个小孩玩游戏的时候，爬到了一个口小肚大的缸上。

师：如果是一个口小肚大的缸，小孩能出来吗？

生：不能。

师：不得了啦，一个小孩掉进了口小肚大的缸里。如果是你，怕不怕？

生：怕。

师：把害怕读出来。

生：一儿登瓮，足跌没水中。

师：有点坦然，感觉有人会救你。请你来。

生：一儿登瓮，足跌没水中。

师：有点害怕了。谁再来读？

生：一儿登瓮，足跌没水中。

师：谁能完整地说一说这个故事？

生：一群小孩在庭院里玩，一个小孩爬上了口小肚大的陶器，庭院里的人都找人来帮忙，司马光想到用石头把口小肚大的陶器砸破了，这个小孩就得救了。

师：此处应该有掌声，说得不错。有没有哪个孩子能比她说得好？在她的基础上，说得好一点就是一种进步。

生：一群孩子在庭院里嬉戏，一个小孩爬到了口小肚大的陶器上，一个不小心跌到了水里，其他小朋友都跑去找大人了，只有司马光想到了一个好办法，他拿了一块大石头使劲往缸上一砸，砸出了一个大洞，水就涌出来了，那个孩子就得救了。

【教学评析】

"趣浓劳轻，乐学不疲"便是该环节，有学生的自读自悟，有教师恰如其分的引导，或鼓励，或点拨，或指正，一层一层，抽丝剥茧，逐步深入。学生利用已有的生活经验，借助注释、插图，联系上下文大体理解文意，大概地讲述出故事，虽是第一次接触文言文，但孩子们会感觉到学习文言文并不难，不枯燥，反而还很有趣味。

【教学片段】

师：弄懂了意思我们一定能读得更好。读书要有仪式感，立书，吸气，读。

学生齐读课文。

师：这一遍比刚才有进步。司马光做了一件什么事？别着急，拿出笔，默读课文勾画下来。

生：光持石击瓮破之。

师：司马光怎么"持石击瓮"？

生：司马光用大石头击了瓮的底部。

师：你怎么知道击的是底部？

生：看插图知道的。

师：除了看图，还从哪里可以知道他击的是瓮的底部？

生：我从"水迸"看出来。

师：水流得快，我们知道击的是底部。你能不能把这句话读出来？

生：水迸，儿得活。

师：你从这句话中读出了一个怎样的司马光？

生：我从这句话读出了一个聪明的司马光。

师：从哪个字读出来？

生："击"瓮。

师：为什么一个字就能读出一个人的品质来？

生：因为他用石头使劲砸，就看出他很聪明。

师：对呀，用力砸，一起读一读这句话。

生：光持石击瓮破之。

师：力气还不够大，再读！

生：光持石击瓮破之。

师：拿着石头就砸，你还读出一个怎样的司马光？

生：我还读出一个乐于助人的司马光。我从"持"这个字读出来的。因为他拿着石头砸缸，帮助小朋友出来。

师：读一读这句话。

生：光持石击瓮破之。

师：别的小朋友都干吗啦？

生：众皆弃去。

师：只有司马光在干什么？

生：光持石击瓮。

【教学评析】

　　"聪明、乐于助人"这是学生阅读的收获，教师引导归纳后，力求再深入文本，从司马光与"众"的对比，突出了司马光的与众不同。教学过程导之有方，学之有法。

【教学片段】

　　师：司马光拿着石头砸瓮，所以小朋友得救了。孩子们，司马光做这件事的原因和结果是什么呢？请你用波浪线勾出来。

生：原因是"一儿登瓮，足跌没水中"。

师：如果你是那个小孩子，你会喊什么？

生：救命，救命。

师：淹到胸算没水吗？

生：不算。

师："没"就是淹到了——

生：喉咙。

师：害不害怕？谁来读一读这句话？

生：一儿登瓮，足跌没水中。

师：这只是一个原因，还有什么原因？

生：众皆弃去。

师：那事情的结果是什么？读！

生：水迸，儿得活。

师：看，无论是文言文还是白话文，我们只要抓住了事情的起因、经过、结果，就能把一件事讲得清清楚楚、明明白白。现在知道了起因、经过、结果，再读课文一定能读得更好。坐正，读书要有仪式感。

生齐读。

师：想想事情的起因、经过、结果，怎么把这个故事讲出来？如果能加上司马光的动作，这个小孩掉进缸里是怎么想的、叫的……那就太棒了。谁是我们班的故事大王？

生：在庭院里，有一群儿童在玩，其中有一个孩子爬到缸上不小心掉进去了，他赶紧喊："救命啊！救命啊！"其他孩子都跑了，只有司马光留下来，他赶紧拿着石头用力往缸上敲，水涌出来了，孩子得救了。

师：我最喜欢你说孩子掉进去的那一段，因为这里有你的想象。谁再来？

生：有一群小孩在庭院里玩，有一个小孩掉进了缸里，其他小朋友都跑开了，有的喊"快来救人啦！"，有的叫道"不得了啦，有人落水啦！快来救人呀！"，有的回家找爸爸妈妈来帮忙，只有司马光不慌不忙地拿来一块石头用力砸缸，水流出来，缸里的小朋友得救了。

师：老师喜欢你"不慌不忙"这个词，说出了司马光沉着、冷静。回家讲一讲这个故事好吗？

【教学评析】

罗老师对起因、经过、结果的"简单勾画"，让学生理清整个故事的线索，为复述故事、背诵课文找到了主线，构建了课文支架。

【教学片段】

师：课文会读了，故事会讲了，生字也要学会写。拿出你们的生字卡，把这些生字写在田字格里，注意占格和笔顺。注意，提笔就是练字时，练字先练姿势。这个男孩子的姿势最漂亮。

学生写字。

师：写好的同学对照屏幕看看你写对了没有？每个字都写对就给你自己一个笑脸。如果你觉得自己的字写得很不错，再给自己一个笑脸。

【教学评析】

识字写字是语文教学的重要内容。在一、二年级已有的写字经验基础上，放手让学生自己写字，自己评价，体现了第二学段识字写字教学与第一学段的不同。

【教学片段】

师：停笔，坐端正。拿着生词卡片，你们能不能看着生词卡片把课文读出来？

学生齐读。

师：我们还可以看着图片读一读。（多媒体出示课文插图）

学生齐读。

师：有进步，这一遍我们什么都不借助，看着大屏幕上的课题，我们一起背一背。

学生齐背诵。

师：真的很厉害，一节课就能把这篇小古文学懂，还能背下来，真了不起。老师想问一问，如果你再碰到小古文，该怎么去学习？

生：我们要借助注释和插图，联系上下文来学习文言文。

师：学习文言文一点儿都不难，只要带上我们的小法宝，我们就是学习文言文的小高手。

【教学评析】

借助生字卡片背课文，借助课文插图背课文，看着课题背课文，学生对课文的熟练程度一遍胜过一遍。结课之前，引导学生再次梳理文言文学习的方法，加深印象。纵观整个课堂教学，引导和鼓励贯穿教学全过程，学生兴趣盎然，积极性在老师的激发和成功的体验中不断释放，这样的课是值得我们借鉴的。

【总评】

《司马光》是统编版小学语文三年级上册的一篇课文，也是统编版教材在小学阶段安排的第一篇文言文。罗蓉老师立足于学生已有的知识和学习经验，很好地把握教材特点，参照课后练习设定教学目标，设计教学环节，以多种方式激发学生多层次地读课文，引导学生自主发现学习文言文的"金钥匙"。学生在教师正确阅读导向的指引下，在充满趣味与情感的交流中，以学习的主人姿态，积极地、主动地、生动活泼地进行学习和探索，师生一起构建了和谐美好的课堂。

建构主义理论认为，学生是知识意义的主动建构者，而不是外界刺激的被动接受者。学生只有通过自己的切身体验和平等对话，才能真正完成知识意义的建构。如何处理教师的"教"与学生的"学"的关系？罗蓉老师的课堂教学给了我们最完美的诠释。

四、实践语用　融会贯通
——《杨氏之子》教学片段及评析

【教材解析】

《义务教育语文课程标准（2022年版）》指出，语文课程是一门学习国家通用语言文字运用的综合性、实践性课程。工具性与人文性的统一，是语文课程的基本特点。语文课程应引导学生热爱国家通用语言文字，在真实的语言运用情境中，通过积极的语言实践，积累语言经验，体会语言文字的特点和运用规律，培养语言文字运用能力；同时，发展思维能力，提升思维品质，形成自觉的审美意识，培养高雅的审美情趣，积淀丰厚的文化底蕴，继承和弘扬中华优秀传统文化、革命文化、社会主义先进文化，增强对习近平新时代中国特色社会主义思想的理解和认识，全面提升核心素养。①

《杨氏之子》是统编版小学语文五年级下册第八单元的一篇文言文。在教学中，教师应突出语文课程的特点，让学生理解与运用祖国的语言文字，学习文言文的语言特点，在培养学生阅读文言文兴趣的同时，渗透有效的语言文字运用实践，从而提高儿童的语文素养。

一、课前谈话，尝试语用

【教学片段】

师：吾姓罗，名蓉，云南昆明人氏，爱旅游，好读书，乃教师是也。同学们能否说说，我的姓名、住址、爱好、职业是什么吗？

生：您叫罗蓉，是云南昆明人，喜欢旅游和读书，职业是老师。

师：同学们能像这样介绍一下自己吗？

生：吾姓王，名东，云南芒市人氏，爱运动，好读书，乃学生是也。

生：吾姓林，名宏宇，云南芒市人氏，爱唱歌，好跳舞，乃学生是也。

【教学评析】

这样带有简单的文言意味的课前谈话，让学生感觉很新鲜，使学生在老师的自我介绍中，初步了解一些文言用词，如"人氏""乃"，同时还了解了老师的姓名、职业、爱好等。让学生仿照这样的句式介绍自己，学生很快就能学以致用，同时也能使学生感到文言文其实并没有想象中那么深奥，从而为学习课文创设了良好的氛围。

二、自主学习，感受语用

【教学片段】

学生自由读课文。

---

① 中华人民共和国教育部：《义务教育语文课程标准(2022年版)》，北京，北京师范大学出版社，2022。

师:在读的时候,同学们认为哪些字的字音需要特别注意?

(预设:一个是"为 wèi"设果,另一个是"应 yìng"声答曰)

生:"孔君平诣其父"中的"诣"字,很容易读错。

生:"应声答曰"中"曰"字的字音容易和"日"混在一起。

生:我在读的时候,发现"为设果"的"为"字是个多音字,在课文中应该读"wèi"。

师:"为"在这里表示的是"给,替"的意思,"为设果"的意思是给客人摆上水果,把这个字的读音和意思标注在文中。

师:文中还有一个多音字,同学们读准了吗?

生:我知道,是"应声答曰"的"应"字。

师:对,知道为什么读"yìng"吗?因为"应声答曰"的意思是刚问完问题就能马上回答。请同学们把字音注在书上。

师:我们在读多音字时,是根据它的意思来选择它的正确读音的。现在来读两遍(为设果、应声答曰),一起再来读这句话。

【教学评析】

在教学中,充分发挥了学生的自主性,先让学生自由读课文,然后让学生说说哪些字的读音难读。学生在自学的基础上,发现"为"和"应"这两个多音字的读音和意思需要特别注意。最后,老师告诉学生,在读多音字时,要根据字的意思来选择正确的读音。这样,既让学生自主地发现了多音字的读音,又指导了学生学会"以义定音"的方法。

【教学片段】

师:其实理解古文和理解诗句的方法是一样的,那么请同学们谈谈,平时你们是用怎样的方法理解诗句的?

生:我在理解古诗的时候,遇到不懂的就问家长。

生:我遇到不会的就上网查资料。

生:我是看课文后面的注释。

生:有时候看看古诗的插图,也能猜出古诗的意思。

……

师：你们说得都很对，参照大家说的方法，我们可以总结出理解文言文的方法：借助图片、注释；查阅资料和工具书；联系上下文。

师：你们借助注释，结合运用理解文言文的其他方法，看看能不能理解一些句子的意思，有困难的同学先在小组内交流交流，解决不了的一会儿大家一起来解决。

学生交流、反馈。

师：还有哪些问题是小组没解决的，提出来。

【教学评析】

教师将理解诗句意思与理解古文意思的方法联系起来，总结出理解文言文的方法，让学生自己试着运用这些方法理解文言文的意思，只在一些难懂的地方给予点拨和引导。学生在交流自己是怎样理解古文的过程中，自然就掌握了课文的意思。教师以"让学生学会，且会学"为根本，努力降低文言文学习的难度，同时也让学生在学习中学会运用语言文字的方法。

三、感悟"聪慧"，学会语用

【教学片段】

师：请同学们思考一下，这篇文言文是围绕着哪句话来写的？找一找从哪里可以看出杨氏之子甚聪慧？

生：课文是围绕"梁国杨氏子九岁，甚聪慧"这句来写的。

生：从课文中杨氏子听到孔君平的话马上就能做出回答，可以看出他很聪明。

生：还有他能够听出来孔君平是和他开玩笑，并马上由孔君平的姓联想到孔雀，立刻做出反应，回答孔君平的问题。

师：南宋诗人、哲学家朱熹提出了"循序而渐进，熟读而精思"的读书方法。请同学们再细细地读，一边读一边思考，杨氏之子的回答妙在哪里？可以在书上作批注。

生：杨氏子回答得很快。

师：从这里可以看出杨氏子甚聪慧，你看看从哪里可以看出他的回答很妙，可以和同桌讨论讨论。

生：从"未闻"一词可以看出，因为杨氏子没有直接说出来孔雀是孔君平家的鸟，而是说"从来没有听说过"，说得就比较好听。

生：我还从"夫子"一词看出杨氏子很有礼貌，很尊敬长者。

生：我也是从"未闻"一词看出杨氏子说话很委婉，回答很巧妙。

【教学评析】

本单元的训练重点是让学生"感受语言的艺术"。在教学中，教师让学生借助对人物语言的揣摩，由表及里、由浅入深地感受杨氏之子的风趣和机智、幽默与委婉，从而让学生懂得语言的艺术来自于智慧。这就是我们平常所说的"说话要讲究艺术"，同样的意思，用不同的方式讲，会达到不同的效果。

【教学片段】

师：如果来者是梅君平、黄君平，杨氏子又会如何回答呢？谁来替他回答？

梅指以示儿曰："此是君家果。"儿应声答曰："_____"

黄指以示儿曰："此是君家果。"儿应声答曰："_____"

生：儿应声答曰："未闻梅花是夫子家花。"

生：儿应声答曰："未闻梅子是夫子家果。"

生：儿应声答曰："未闻梅花鹿是夫子家兽。"

生：儿应声答曰："未闻黄河是夫子家河。"

生：儿应声答曰："未闻黄金是夫子家矿。"

……

【教学评析】

古文教学要避免忽略语言的表达形式，过于挖掘人文内涵。教师在体会杨氏之子聪慧的环节，让学生仿创"未闻孔雀是夫子家禽"句式训练，使学生在笑声朗朗之中应声而答，体会古文语言的精妙。这样既迁移运用了这一语言表达形式，又真正让古文阅读能力在语言文字运用的土壤中开出了绚丽之花。

第三节　真学语文的实践展望

一、更加关注学科育人价值

1. 关注优秀传统文化的育人价值

国家义务教育小学语文统编教材执行主编陈先云老师指出，语文学科的思想政治教育，要坚持一个原则叫"文道统一"，因为思想政治教育和语言文字训练的辩证统一是语文学科的重要特点，应该在语言文字训练的过程中落实、体现思想政治教育。二者不分主次，也不分先后，是融合的、辩证统一的过程。[①] 统编教材将立德树人、促进学生身心全面发展作为教育宗旨的核心内涵，体现了以下特色：

(1)体现价值导向，重视育人功能；

(2)双线组织单元，重建语文目标序列；

(3)课外阅读被纳入教材体系；

(4)加强语言文字运用；

(5)加强中国优秀传统文化教育的内容。

其中第五点也是这套教材的亮点。

统编教材增加了古诗文作品在教材中的比例，增强了选文的经典性。小学一年级开始就选有古诗文，全套教材共选入古诗文 129 篇。其中，古诗词 112 首，文言文 14 篇，古典名著节选 3 篇，占课文总数的 30％ 左右，比原人教版教材增加 80％ 左右。文言文教学从三年级上学期开始就安排了学生比较熟悉的司马光砸缸的故事——《司马光》。增加

---

① 　汪瑞林：《用好统编三科教材，铸魂育人》，载《中国教育报》，2019-07-10。

古诗文在教材中的比例，是缘自中华民族的文化自信。"文化自信"是近年来习近平总书记使用的一个高频词。别的不说，从诗经、楚辞、汉赋，到唐诗、宋词、元曲等，中国文艺星河灿烂，创造力之强大、成就之辉煌，在世界文化之林中独领风骚。教材中古诗文作品的时代、题材、体裁也丰富多样，从《诗经》到清代的诗文作品，从古风、民歌、律诗、绝句到词曲，从诸子散文到历史散文，从唐宋古文到明清小品，从古代寓言、神话传说、历史故事到《三字经》《百家姓》《千字文》《笠翁对韵》等传统蒙学读物，还有《司马光》《囊萤夜读》《王戎不取道旁李》《两小儿辩日》等原汁原味的文言文。

如何在教学中渗透中华优秀传统文化的教育呢？

首先，要加强学生对古诗文的积累。统编教材与以前人教版教材相比，古诗文的安排并没有增加多少，增加的主要在"日积月累"这个栏目上。设置"日积月累"主要是让学生背诵、积累古诗文，加强对诗句意思的理解，但对诗人表达感情的感悟不统一要求学有余力的学生可以进一步探究，做到"下要保底，上不封顶"。"日积月累"中的古诗文必须背诵，等学生们到一定的年龄，他们便会自通其义，在生活、工作中自如运用。

其次，要根据单元的人文主题，挖掘教材的育人功能。例如，统编版小学语文三年级上册第八单元以"美好品质"为主题，编排了《司马光》《掌声》《灰雀》《手术台就是阵地》四篇课文。《司马光》通过司马光砸缸救人一事，表现了司马光勇敢、机智、乐于助人的优秀品质。《掌声》通过英子的心理变化，表达人与人之间需要关心、鼓励，懂得主动关心、鼓励别人，也要懂得珍惜别人的关心和鼓励。《灰雀》通过列宁和孩子的对话，体现了列宁爱鸟更爱孩子，以及孩子知错就改的美好品质。《手术台就是阵地》通过对故事内容的叙述，体现白求恩对工作极端负责任，对同志极端热忱的高尚品质和国际主义精神。由这一单元课文内容的学习，学生明白这些美好的品质是通过生活中的事情，由人物优秀品质进阶到国际主义品质，美好的品质犹如温暖的阳光，带给我们希望和力量。

六年级上册的《伯牙鼓琴》一课，原来的人教版课题是《伯牙绝弦》。课题的改变体现了教学重难点的改变。《伯牙绝弦》，学生从课文中感悟到的是伯牙和子期高山流水遇知音的知音情，而《伯牙鼓琴》，学生不仅要感受他们的知音情，还要通过课后的阅读链接，明白是音乐的魅力、艺术的魅力让身份悬殊的伯牙和子期成了知音。细心的老师还会从课文内容发现，教材重视从原文中进行节选，从原汁原味的文言文中感受我国优秀的传统文化。

我们在教学时，引导学生抓住语言的学习，转变教学理念，由学科教学向学科育人转变，突出课堂所承载的立德树人的根本任务。但是在这个过程中，我们语文老师不能忘记我们是语文人，要对学生进行语言文字的训练，学生道德修养的提高需要建立在对语言文字的感悟的基础上。比如《司马光》的教学，要引导学生借助注释理解课文大意，注意词句间的停顿，并用自己的话讲故事，初步感受文言文的特点，简单说出文言文与现代文的区别；能尝试通过人物的动作、语言等揣摩人物的心理活动，能转换人称复述故事片段；能带着问题默读课文，理解课文内容，体会人物心情的变化。学生借助对语言文字及课文内容的理解才能感受司马光机智、勇敢的美好品质。

2. 关注革命传统文化的育人价值

语文教材的育人价值，是通过选文将爱国主义思想、社会主义核心价值观等潜移默化地融入学生的内心世界，促进学生精神发育。统编教材强化了革命传统教育，选编了 40 余篇革命传统教育的文章。小学语文统编教材总主编温儒敏教授在介绍教材时说："包括老一辈革命家革命经历的篇目，还有他们的作品，以及革命英雄主义的一些老课文、经典的课文又回来了。"

教材中《朱德的扁担》《不懂就要问》《我不能失信》等课文展现了老一

辈革命家不搞特殊、艰苦奋斗、诚实守信的高尚品德；《为人民服务》《难忘的泼水节》《邓小平爷爷植树》等篇目，赞颂革命领袖与人民群众心连心，全心全意为人民服务、实事求是的优良作风；《狼牙山五壮士》《王二小》《小英雄雨来》《金色的鱼钩》等课文彰显了革命英雄不怕流血牺牲的献身精神和坚定的爱国主义信念。一个个革命人物鲜活生动，一篇篇课文意蕴深长，让学生在六年的学习中形成正确的世界观、人生观、价值观。

教学时，我们可以紧扣单元导语及课后习题来进行教学预设，如四年级上册第七单元的人文主题——"天下兴亡，匹夫有责"，语文要素是"关注主要人物和事件，学习把握文章的主要内容"。《为中华之崛起而读书》和《梅兰芳蓄须》的课后习题和阅读提示分别是这样设计的："默读课文，想想课文讲了哪几件事，再连起来说说课文的主要内容""课文中出现了'租界''中华不振'等词语，查阅资料，了解当时的社会状况，结合下面的诗句理解周恩来立下如此志向的原因""如果有人问你'为什么而读书'，你的回答是什么？想一想，写下来，注意写清楚理由""默读课文，说说梅兰芳是在什么情况下蓄须的，他经历了哪些危险和困难。有兴趣的同学，可以查找资料，深入了解这位京剧大师"。课后习题的设置不仅引导学生习得学习方法，比如把几件事连起来就可以知道课文的主要内容，而且指导学生用查阅资料的方法去关注文中表达的中心思想，了解人物的品德，最后还要联系生活实际，把自己读书的理由写出来。这些民族精神和气节，都是通过语言文字传递给学生的，通过语言文字的学习，学生不仅培养了民族认同感，激发了民族自豪感，而且关注了语言文字的运用，可谓一举两得。

由此看来，统编小学语文教材的编排更加注重教材的教学价值与育人功能，重视学生在教师的启发下学习，引导学生自主学习，同时注重读写结合，培养学生正确运用祖国语言文字的基本能力，让学生充分经历真实的语文学习过程，实现从"教语文"到"用语文教儿童"的实践转型。

二、更加关注儿童中心理念

美国实用主义理论建设者、哲学家、教育家杜威提出教育要"以儿童为中心"。他指出，以儿童为中心的教育是与儿童的本能和需要协调一致的，在学校生活中，儿童是起点，是中心。

首先，我们从教材来看，目前使用的统编教材更加儿童化。为了做好幼小衔接，降低学生的学习难度，教材首先编排了识字单元，从学生在生活中常见的生字"天地人、你我他"学起，比原来的教材，一开始就学习拼音，更加符合学生的认知规律。在学生识字方面，教材也关注了学生不同的认知，引导学生多元识字，特别是鼓励学生用他们最爱的"猜一猜"的方法去识字，用"我发现"的途径去理解。"认写分流，多认少写"，体现了课标的要求，为尽快让学生独立阅读创设了条件。

其次，为了培养学生复述的能力，教材的安排是有梯度的。从二年级的根据图片说一说故事，根据词句说一说故事，根据思维导图说一说故事，到三年级的详细复述，四年级的简单复述，五年级的创造性复述，都是以学生的思维发展为本，遵循认知规律，有目的、有计划地进行训练。

尊重教材，理解教材，创造性地使用教材教儿童学好语文，是语文教师不可推卸的职责。在我们的教学中，如何把学生放到课堂的中央呢？为了让学生明白习作单元所有的内容学习都是服务于本次习作的，田月馨老师在执教四年级上册习作单元的《麻雀》一课时，引导学生聚焦老麻雀的无畏，学习作者把课文主要内容写清楚的方法。她先让学生默读课文第四、第五自然段，并思考这两个自然段主要写了谁，勾画出有关描写它的句子。教师相机归纳总结：

比较阅读：竖着读一读，横着读一读，看看你有什么发现？想好后和同桌讨论讨论。

突然，一只老麻雀从一棵树上飞下来，　　　　　　　　　像一块石头似的落在猎狗面前。

它扎煞起全身的羽毛，　　　　　绝望地尖叫着。　　　想拯救自己的幼儿。

老麻雀用自己的身躯掩护着小麻雀，　　　　　　　　　可是因为紧张，

准备着一场搏斗。

它浑身发抖了，　　　　　　　　发出嘶哑的声音，　　在它看来，猎狗是个多么庞大的怪物啊！

可是它不能安然地站在高高的没有危险的

树枝上，一种强大的力量使它飞了下来。

图 5-1 《麻雀》板书

引导学生自由读板书，通过竖向排列朗读，巧妙抓住老麻雀动作、神态的细节描写，就能让学生清晰感受到作者笔下所见所闻，从而体会老麻雀的勇敢无畏。再通过横着读发现，作者把看到的、听到的、想到的交织在一起，写出了老麻雀的无畏。要让学生真正理解语文要素，就要在学生已有语文经验的基础上，站在学生的立场去研究教学内容，研究教学的方法和手段，才能让语文要素落地生根。

人本主义心理学倡导要积极关注，强调人的潜能与本能。把这样的理念用在教学改革上，教师就要尊重学生，积极关注学生，相信学生的潜能，要让学生成为课堂的主体，发挥学生学习的主动性和创造性。教师首先要"目中有人"，要努力营造民主、平等、和谐、融洽的课堂氛围，这样孩子才能在身心放松的状态下积极地参与学习。

2018 年 4 月，我去丽江永胜送课，执教一年级的《动物儿歌》时，遇到这样的情况，孩子刚刚进入小学一个多月就被几百个老师围观上课，那种紧张，从他们进场时的小心翼翼、一张张抿得紧紧的小嘴以及趴在桌上还偷偷四处张望的动作就可以看出来。一开始，孩子们真的很拘谨，几乎没有人发言。眼看着课堂上冷场了，我没有焦躁，而是用亲切的笑容和鼓励的语气逐渐让他们放松下来，我把问题设置的难度一点

点往下降。在朗读时要求离我最近的一排孩子来读，离我最远的一排孩子来读，孩子们一下子快乐起来，因为不仅联系生活实际识记了"远"和"近"这两个字，而且可以像猜谜一样来确定朗读机会，一起来就是一小排的孩子一起读，有伴儿就不紧张，不怕读错了独自丢脸！孩子们在我的调动下说起来、动起来。他们越来越感兴趣，越来越自如，朗读的声音也越来越大，再也没有孩子往后张望，似乎忘记了后面那坐得满满当当的几百位听课老师。上到最后连听课的老师都跟着孩子们诵读起来，全场气氛一下子热闹起来。

教师真正地转变观念，要真正地放低自己的身子和孩子平等地对话，和孩子平等、真诚地沟通交流。学生在这样的对话中，思想才会相互碰撞、相互回应；课堂才会相互融洽、相互创生。要让学生放松下来，全身心地投入。第一是教师要放松，老师的情绪会感染学生。第二是教学设计要着眼学生，要有新鲜感，让孩子沉浸在学习的挑战中，他们的专注度才会高，学习效果才会好。所以，研读文本，真正把学生放在心上，为孩子们考虑，使学生浅池戏水，深池激浪，让一堂课印在学生脑海深处，课堂也就有了精彩的生成。

以学生为中心的课堂，教师们不再是"我要教什么"，而是"学生学什么"；也不再是"我要给学生什么"，而是"学生需要什么"。如何在识字课上让孩子的思维得到发展，让学生的知识得到积累呢？在这一节课中，我首先让孩子发现"蚂"字的特点，"虫"＋"马"组合成"蚂"字，其次，发现这篇课文中像这样的字还有很多，比如"蜻蜓""蝌蚪"……学生细细读这些词，发现这些词都带有虫字旁，另外一边就是这个字的读音，学生明白了这样的字叫"形声字"。再读课文，发现课文中除了带有虫字旁的字是形声字外，还有"造""迷""运"也是形声字，强化了汉字音、形、义的联系。最后勾连原有知识和生活经验，相机积累学过的形声字。这就是举一反三，只有孩子的思维打开了，调动了识字的积极性，让学生动脑思考，刺激学生的心智发展，学生才会去自觉地识字。

以学生的学为出发点，根据学确定教，这就是以儿童为中心的教学。华中科技大学教育科学研究院刘献君教授指出："以学生为中心不是教师围着学生转，教育的目的不在教，而在学。教只是手段而不是目的，以教为中心，向以学为中心转变，即从教师将知识传授给学生向让学生自己去发现和创造知识转变，真正关注学生的学习，他们如何学习以及学到了什么。"

三、更加关注单元整体教学

单元整体教学最早由北京教育学院李怀源老师提出，他在《小学语文单元整体教学理论与实务》一书中指出，小学语文单元整体教学核心是整体，从整体的角度关注各个教学模块之间的联系，有比较明确的整体教学目标。把小学六年的语文教学看作一个整体，关注小学语文目标和每个学期目标之间的关系，突出语文能力系统，把语文能力分成不同的层级，把课程目标分化到每个学期，在适当的阶段培养适当的能力。[①] 李老师提出的单元整体教学理论的学习，是基于课外阅读与课内阅读的整体性研究，包括教科书教学、读整本书、语文实践活动三个模块的整合。

单元整体教学有以下优势。

1. 教学目标紧密化。单元整体教学，将单元作为最基本的备课单位，通盘考虑，单元语文要素把单元内的每一课串起来，形成目标串，目标之间联系非常紧密。单元内，选文阅读、交流平台、习作形成了一个紧扣单元语文要素的"了解感知—梳理提炼—迁移运用"的三级学习阶梯。而在课文阅读内部，则又呈现出"要素感知—学习方法—阅读实践"的三个阅读层次。

2. 教学点选择序列化。课文自主教学教学点的选择受老师的限制，教学点不固定。每个老师对课文的解读不同，那么选择的教学点就不一样。单元整体教学，每一课都有相应的语文要素落点，所以选择的教学

---

① 李怀源：《小学语文单元整体教学理论与实务》，北京，人民教育出版社，2017。

点呈现出序列化、结构化的特点，共同指向语文要素的落实。

3. 教学统整结构化。目标确定了，策划在语文要素统整之下的既有梯度，又能激发学生参与的言语实践活动是落实语文要素的关键。

4. 教学效果可视化。在"交流平台"的基础上，鼓励学生确定习作内容，教师在学生交流的基础上梳理写作素材，最后引导学生完成单元习作。

这样的教学实施把阅读、语文园地里的"交流平台"以及习作都统整在单元整体教学的视野之下，围绕语文要素从阅读感知到梳理提炼，再到迁移运用，经历一个目标相对集中、时间相对充裕、实践相对充分、过程相对完整的学习历程，语文学科核心素养中的深度学习，在这样目标指向清晰、学习层次清晰的循序渐进的学习过程中得以落实。统编教材备课的基本单位已经从以前的单篇课文，变成了一个单元。

2019 年，北京海淀区进修学校就统编教材一个单元的整体教学进行了培训。单元整体教学指的是从单元整体上把握并设计，确定有层次的课时教学目标，选择有价值的教学内容，组织关联的系列教学活动，层层推进单元课时教学，落实单元学习目标，提高学生语文素养。

例如，三年级上册第四单元编排的阅读策略是"预测"，单元导语主要从两方面点明预测单元的语文要素：一是在阅读过程中进行预测，顺着故事情节去猜想；二是通过这个单元的学习，了解、掌握一些预测的基本方法。单元编排了三篇课文，精读课文《总也倒不了的老屋》旨在"学习预测"；略读课文《胡萝卜先生的长胡子》旨在"练习预测"；《不会叫的狗》旨在"独立预测"；三篇课文作为一个整体呈现，训练目标层层递进。

《总也倒不了的老屋》教学目标：

1. 认识本课"凑""孵"等 8 个生字，会写"暴""晒"等 12 个生字。

2. 在边预测边阅读的体验中，学习预测的基本方法和策略，体验阅读期待的快乐。培养学生"带着猜测读课文"的习惯，提高"阅读预测能力"。

3. 初步把握文章的主要内容，能简要复述故事的大意。了解"反复结构"童话的构文特点，读懂文中递进式反复的情节内容。

4. 关心作品中老屋等角色的命运和喜怒哀乐，感知人物形象。

《胡萝卜先生的长胡子》教学目标：

1. 能进一步有依据地一边读一边预测故事的内容，感受边读边预测的好处和乐趣；并能根据故事的实际内容及时修正自己的想法。

2. 能根据文章的题目或书名预测故事的主要内容，对预测的故事产生继续阅读的兴趣。

《不会叫的狗》教学目标：

1. 运用多种预测方法预测故事的结局，并将自己的预测与原文进行对比、验证，体会预测的多样性，感受边阅读边预测的乐趣。

2. 尝试运用预测策略阅读课外书。

从这三篇课文教学目标的预设可以总结出以下两点。

1. 通过策略单元的学习，培养学生运用策略的意识和基本能力，并在之后的语文学习中不断迁移运用，这样他们才能形成熟练运用阅读策略的能力。

2. 单元整体教学的突出特点是整体性与主体性。单元学习内容是一个相互联系的有机整体，单元整体教学下的课时教学实施，课时与课时之间、目标与目标之间、内容与内容之间、活动与活动之间都有着内在的联系。

这也是真学语文与单元整体教学的契合点，真学语文从课时学习到单元整体学习，是新时期学习方式变革的具体体现。每个单元内，结构化的知识、挑战性的任务和实践性的学习的整体设计和实施，都有利于学生学科核心素养的发展。

单元学习目标是教师心中教学的"北斗"，是教学实施过程中的"灯塔"，可以帮助教师明明白白开展教学活动，矫正教学方向和策略。真学语文从教学目标到学习目标，都体现了以学生为本的育人理念。真学语文体现了从关注教师的"教"，向关注学生的"学"理念的转变，关注学生的学习过程，以学习结果为导向进行教学设计及实施。真学语文教学中，确定单元学习目标要考虑四个因素：一是课程标准要求；二是单元学习主题与核心内容；三是单元所承载的学科核心素养进阶发展的要求；四是学生的学习基础和发展需求。

单元整体教学不仅关注的是一篇课文在一个单元的教学价值，而且要以教材中一组课文为基本教学单位，在整合课文、语文园地、口语交际、习作及课外资源等基础上，进行整体教学设计与活动，以便于学生获得系统知识以提高学习能力。

例如，统编版小学语文三年级上册第八单元以"美好品质"为主题，编排了《司马光》《掌声》《灰雀》《手术台就是阵地》四篇课文。课文中既有冷静机智的司马光，受到鼓励而变得阳光自信的英子和用掌声鼓励英子的同学们，也有关爱、呵护儿童的列宁和天真诚实、知错就改的孩子，还有对工作极其负责、勇于为革命献身的白求恩，他们的身上都具有美好的品质。本单元的口语交际主题是请教，让我们学习有不会的问题时怎么请教别人。习作主题是看图写作《那次玩得真高兴》，引导学生把自己玩时快乐的心情写下来。语文园地主要内容是交流默读的方法，积累带有目字旁的字，辨析近义词，学会分类，积累名言。

本单元的语文要素为"学习带着问题默读，理解课文的意思"。默读是阅读能力中最基本也是最重要的一种能力。本单元要求在默读中，引领学生理解课文内容，在读思结合中体味语言特色，发展学生的语文思维能力。从纵向来看，统编版小学语文二年级上册第七单元和第八单元中提出了"默读课文，试着不出声"的要求；二年级下册中去掉了"试着不出声"，变为"默读课文"；而到本单元则进一步提升能力要求，即"带着问题默读"，体现了学生能力发展呈螺旋式上升逐渐进阶的过程。这一单元着重在课后习题和学习提示中引导学生带着问题默读，思考句子和段落的意思。从横向分析来看，本单元的四篇课文中，对语文要素中默读的要求是层层递进的。如《司马光》一文中学习默读，借助注释了解故事大意；《掌声》中学习默读，形成内容上的对比认识；《灰雀》中学习默读，体会人物心理；交流平台中学习默读的方法整理。通过学习默读，从不同角度理解课文的意思，进而尝试自己提出问题，通过默读解决问题从而体现能力的进阶。

"学写一件简单的事"为本单元习作要求。二年级的写话中，关于写事，从二年级上册第七单元借助单幅图写小老鼠的经历，到二年级下册第四单元，借助连环图写蛋壳一天的经历，体现了渐进性。三年级上册教材中每单元都安排了习作内容，其中，写日记、编童话、续写故事都是围绕写事进行的。《义务教育语文课程标准（2022 年版）》中对于第二学段学生的习作要求是：观察周围世界，能不拘形式地写下自己的见闻、感受和想象，注意把自己觉得新奇有趣或印象最深、最受感动的内容写清楚。① 教师应在指导中逐渐落实课标要求。

"学写一件简单的事"，这虽然是单元后的写话练习，但无论是小古文还是白话文，都在渗透要写清一件事就要讲清事情的起因、经过和结果。《司马光》这篇课文是体现两个语文要素在阅读学习中的融合。后三篇课文讲述的都是生活中的一件简单的事，单元设计中应呈现每篇课文是从哪些角度把一件简单的事情从写清楚，到写具体，再到表达出情感的。这样和本单元习作相勾连，体现这一语文要素在整个单元学习中的贯穿，以及与第一个语文要素的融合性学习过程。

三年级正是学生从第一学段进入第二学段学习的关键时期，是承上启下的过渡年级，更是学生能力培养和学习习惯养成的重要阶段。此时的学生对一些问题开始有自己独立的见解，对一切事物都感到好奇，也开始了从片段阅读到文章阅读的过渡，此时正是阅读能力培养的重要阶段。同时，三年级还是学生习作的起步阶段，也是决定学生走稳习作之路的关键一步。读和写二者相辅相成，紧密联系，必须将阅读教学与写

---

① 中华人民共和国教育部：《义务教育语文课程标准（2022 年版）》，北京，北京师范大学出版社，2022。

作训练紧密地结合起来，以读带写，以写促读，学生的作文能力才会逐渐提高。所以，教师要利用四篇文章的学习，引导学生了解要写清楚一件事情，必须抓住事情的起因、经过、结果，为习作的学习做好知识的勾连，同时也是学生思维进阶的一个过程。在阅读和习作方面，统编版小学语文教材都更加重视方法提炼、方法指导，旨在使学生阅读、写作能力螺旋上升。同时，我们也应该意识到，统编版小学语文教材对学生的阅读习作能力提出了较高的要求。

我们通过教学实践，进行了深入的教学思考，发现单元整体教学凸显了学生立场，以学生为中心，引导学生像文学家那样去思考、去经历，实现语文素养的合理建构。一个单元可以是一个语文能力训练点，也可以是多项能力的综合培养，单元整体教学就是围绕核心能力训练点，引导学生不断进行能力的培养与训练，长此以往，学生的语文能力逐步提升。

总之，整个统编版小学语文教材的语文要素是一张网，跨年级的相关要素是一条线，而单元是其中的一个节点。小学阶段 94 个单元，每个单元又有阅读要素和表达要素二至三个不等。这些要素点，共同构成统编版小学语文教材的语文要素系统，所以，单元整体教学是用好统编版小学语文教材最基础的要求。

无论是以儿童为中心，以单元整体教学为主，还是要关注学科育人价值，这些都是我们一线语文教师今后努力的方向。

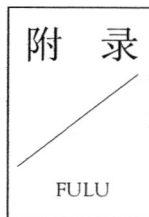

附 录

FULU

教育思想

"我只是持之以恒地做了自己喜欢和擅长的事情"

徐永寿

在采访罗蓉老师前，我心里有这样一个疑问：日复一日地课堂教学，千万教师共用着同样的教材，她能在平凡日常的工作中脱颖而出，到底是因为什么？是天赋过人，是机缘巧合，还是另有不为人知的因缘？带着这样一份疑问，我走进了她担任副校长的昆明学院附属经开学校，希望通过探寻她以往的教育经历和心路历程，找到解开我心中疑问的答案。

昆明学院附属经开学校坐落于昆明经济技术开发区顺通社区龙辉路，是 2017 年由昆明学院与昆明经济技术开发区合作创办的一所九年一贯寄宿制民办学校。学校占地 42 亩，环境优美，现有学生 1265 名，专任教师 89 人。学校以"以人为本、和谐发展、面向全体、立德树人"为办学思想，逐步形成了"学生成人成才，教师成长成功，学校发展又好又快"的核心价值观，正在逐步成为莘莘学子幸福成长、成人成才的理想家园。

在昆明学院附属经开学校的副校长办公室，罗蓉老师接受了我的采访。

从小就喜欢当老师

说起自己的成长经历，以及对教育的热情，罗蓉首先提到了父母对她的影响。罗蓉的父母都是四川人，他们在昆明的工作和教育没有多大关系。但她父亲从一名普通工人转行从事自己喜欢的厨师工作，并最终成为云南省的特级厨师的经历，以及母亲40岁转行做会计，通过努力学习考取注册会计师的经历，却深深影响了她——选择自己真正喜欢的事业，并为此持续不断地学习，克服种种困难，为了理想自强不息！

说不清原因，罗蓉从小就喜欢当老师。上学后不久，罗蓉就央求爸爸给她做了一块小黑板，经常在单位大院里教比自己小的孩子认识她刚在学校学的生字。在黑板前认真讲解的她，举手投足，俨然课堂上一丝不苟的老师。对当老师的这份喜爱，一直到她初中毕业也丝毫没有减少，反而愈发浓郁。初中毕业时，班主任建议成绩优异的她去上高中，将来考大学，但是一心想当老师的罗蓉最后还是坚持了自己内心的选择，报考了昆明师范学院。

在师范学校毕业前的实习中，罗蓉被分配到昆明市五华区武成小学。在这次实习中，她幸运地遇到了李宝珠老师——一位深谙教育之道且平易近人的名师。在短暂的实习期间，李宝珠老师正直、宽厚、仁爱的处世态度和她对学生的亲切、关爱、呵护，以及对教学的严谨都给当时的罗蓉留下了深刻的印象。她羡慕学生对李老师的那份自然的亲近，她把李老师当成自己的榜样，希望自己也能成为像李老师那样受学生爱戴的好老师。

1991年罗蓉从昆明师范学校毕业，被分配到昆明市五华区先锋小学任教。多年的教师梦终于成真，罗蓉满怀希望地走上了三尺讲台。

抓住每一个学习的机会

进入先锋小学后，罗蓉被安排担任数学科目的教学工作。有一天，校长问她，区上有一个青年教师教学大赛，你愿不愿意报名参加？罗蓉想着这是一个学习的机会，便应承了下来。谁知拿到赛事安排后，发现是要进行语文教学的比赛。虽然学科有差异，但罗蓉还是潜心准备，那是一堂《两个铁球同时着地》的语文课，精彩的课堂教学赢得了评委的赞许，她获奖了！一个在实习期，还没转正的老师，平日从事数学教学而去参加语文教学比赛，竟然获奖了！这段经历给了罗蓉极大的信心："我在教学上是有一些潜质的，我可以继续深造、发展。"教了一年数学后，校长找罗蓉谈话，问她想不想继续教数学，罗蓉说，自己更想教语文和当班主任(当时班主任都由语文老师担任)，对于从初中起就钟爱语文的她，做一名语文老师，是她的梦想。学校尊重了罗蓉老师的意愿，调整她教语文。进入先锋小学后，罗蓉依然和李宝珠老师保持着密切的联系。先锋小学在当时规模比较小，只有 18 个班，所以校内培训、课赛就要比武成小学这样的名校少一些。为了提高自己的教学水平，罗蓉请李宝珠老师帮忙联系，只要武成小学、春城小学有教研活动，她就自己调课，骑着自行车去听那些知名老教师的课。昨天听了，今天研究一下，明天就模仿着他们的课堂模式给自己的学生上课。在仿课中罗蓉用心体会着老教师精心琢磨而富有新意的课堂设计，充满智慧的思维引导，自然而巧妙的师生问答，游刃有余的节奏掌控……在一次次的课堂教学实践中，罗蓉积累了不少经验，慢慢有了自己独立的思考和对课堂教学更加深入的体会。1992 年，罗蓉进入了五华区的中心教研组，和各校的名师有了更多的交流和沟通。在五华区教研组，一方面罗蓉自己锐意进取，处处留心、琢磨，另一方面教研室的老师认为她是好苗子，悉心指导。外有助力，内有驱力，罗蓉的课堂教学能力迅速地发展起来。1996 年，参加工作仅 5 年的她被评为五华区的学科带头人。很显然，罗蓉有成为一名优秀教师的"天赋"。但她的这种"天赋"，不是"与生俱来的某种特殊技能"，也不是"超出常人的智力"，而是她天生对当教师的兴趣，特别是当这种兴趣从童年到成年不但没有衰减，反而变得愈加强烈，成为自己的人生志趣，且以持久的学习行动来巩固、支持、充实这个志趣的时候，我们不得不说，这是一个人看似普通，却非凡无比的"天赋"。

把每一堂日常的课都当成公开课来上

在沉淀、积累、学习的过程中，罗蓉并不是一味无休止地参加各种教学比赛。在孩子出生后的 7 年时间里，她甚至没有参加过一次教学竞赛，没有上过一次大型的公开课，显得相当"沉寂"。罗蓉坦言，那段时间因为要花很多时间和心思照顾孩子，所以就很难有时间准备和参加各类教学比赛和上公开课了。但罗蓉并没有因此放松自己在专业发展上的学习和探求。她有更多的时间静下来思考自己课堂教学的得失，她把日常的课堂当成公开课来准备，邀请校长、教导主任以及同年级的老师来听她的课，给她提意见。"哪怕只有一个老师，哪怕只是一个实习老师来听，我也是非常高兴。即使没有老师来听课，我也非常认真地准备每节课，把它当成公开课来上！"为了备好课、上好课，除了去听邻近名校名师的课外，罗蓉还常常去教研室借全国名师的教学录像带观摩。录像带借回来后她自费翻录，然后一遍一遍地看，琢磨、研究。"那个时候网络不像今天这样发达，能得到教学资料的途径和内容都非常有限。录像带是非常珍贵的，每一盘我都会看十几遍以上……"她会把不同老师上的同一堂课反复进行对比分析，以"拿来主义"的态度，理解、吸收、内化成自己的技巧和知识；看见其他老师的笔记、教案，无论是报刊上的还是身边同事的，只要是有用的，她就摘抄下来，应用到自己的教学中……这种好学、严谨的教学风格，使罗蓉的教案成为先锋小学教师争相传阅的范本。

此外，从走上教学工作岗位的那天起，罗蓉便有购买、订阅教育教学类书籍和报刊的习惯，并有边阅读边批注的习惯。记者在罗蓉的办公室见到了她的教学用书和她看过的一些教育报刊，上面密密麻麻地写满了批注。"一些是我标注的要点，一些是我备课、阅读时触发的感想，一些是我看后不理解、有疑问的，需要再找资料查明白的。"这种批阅、注解式的阅读与备课方式，是她从教伊始便养成的习惯，无论是刚踏上讲台的从教初期，还是成为一名名师后，她这种学习、积累的习惯都没有丝毫改变。

2005 年，沉寂多年的罗蓉从一千多名参选教师中脱颖而出，成为当年五华区 3 个当选小学语文市级学科带头人的教师之一。教师进修学校的校长无不感慨地说："能在这么多来自大校、名校教师参评的竞争中崭露头角，可以想见你平时对自己的要求是多么严格！"著名科学家、西湖大学校长施一公在一次演讲中说："很多人会谦虚地说'我的成功完全是机遇'，但你千万不要相信。任何人不付出时间，一定不会成功。"7 年的"沉寂"如静水潜流，在"日常"的课堂上，在"随性"的阅读中，在"随意"的思考中，罗蓉为"上好课""当一名好老师"不断地投入更多的时间。如一棵树日之月之地把根扎牢扎深，7 年的精心潜学，让罗老师积累了非常厚实的教育教学底蕴。

从个人到团队

2006 年 9 月，罗蓉调离工作了 15 年之久的先锋小学，进入昆明高新区第一小学（以下简称"高新一小"）。在高新一小，罗蓉多次赴省外学习，在跟上海、北京、杭州等省外专家的接触和交流中，罗蓉的教学视野逐渐变得开阔，开始关注教学专业的发展和教材的深度研究、解读。

2009 年，罗蓉成为高新一小首席教师，成立学校工作室，以课题为抓手，通过"识字教学""优质教师的开发资源共享""不同文体的教学研究"，开始带领团队走上从经验总结到理论提升的学习之路。

2010 年，罗蓉获评云南省特级教师。

2013 年，云南省罗蓉名师工作室成立，其团队成员不再限于校内，开始致力于基于全省小学语文教学现状的研究和示范引领。围绕专业发展和课改研究两大中心任务，罗蓉团队采取"以一带十，以十带 N"（主持人直接指导 10 名成员，10 名成员又各自带领一个学习团队）的梯队化培养模式，采取主持人专题教学讲座，参加国家级、省市级教学观摩、教学竞赛，集中教学研讨，上示范课、研讨课，开展国培送教等活动，大力推动地区小学语文教学改革的深化和师资队伍素质的提高。

不仅如此，工作室还探索"互联网＋名师＋教师团队＋家长＋学生"五位一体的新思路，为老师、家长、学生提供优质教育教学资源的学习交流平台。在推出罗蓉名师工作室微博的基础上，工作室早在2013年便营建了"罗蓉名师工作室"微信公众号，分别设置了名师系列栏目（名师指导、名师资源、微课堂、学经典、优秀教学视频及教师教学随笔等）和固定板块（工作室简介、名师风采、小语风向标等），与大家分享教育教学资源。目前，"罗蓉名师工作室"微信公众号的关注人数已超过万人，相关教学内容点阅累计逾百万人次。"云南省罗蓉名师工作室"的影响力已走出云南省，获得全国众多教育专家和名师的肯定与赞赏。

2014年，罗蓉荣获"云南省万人计划教学名师"称号。

2016年，根据昆明市教育局的要求，昆明市第四届名师工作室中唯一一个小学语文学科的名师工作室——"昆明市罗蓉名师工作室"成立。

2019年5月，由各州市向云南省教育厅推荐并遴选出的14名爱岗敬业、业绩突出的老师组成的"'云南省万人计划'小学语文罗蓉名师工作坊"启动。

同月，按照《云南省教育厅办公室关于遴选教育部中小学名师名校长领航班工作室成员的通知》要求，"'教育部中小学名师领航工程'罗蓉名师工作室"在逐级评议和推荐优秀青年教师的基础上，经专家评审面试及云南省教育厅公示，完成组建，并于2019年5月正式挂牌成立。

至此，除了主持"'教育部中小学名师领航工程'罗蓉名师工作室"，罗蓉还担任"'云南省万人计划'小学语文罗蓉名师工作坊"坊主，"昆明市罗蓉名师工作室"主持人。各工作室在罗蓉老师统一带领下，在不同层面发挥辐射、引领作用，为我省小学语文教学的发展贡献力量。

说起带团队，罗蓉直言："不轻松，但很有意义！"有感边远地区教育的薄弱，罗蓉常常带领各工作室成员赴地州与当地学校进行教研交流。为了不耽误正常的教学工作，这样的活动通常在周末举办。比如，去景东要坐一天的车，老师们周五下午就要走，周六活动一天，星期天赶回昆明，第二天接着上课。因为时间紧张，外出的学员常常跟着罗蓉忙到凌晨或半夜，连吃饭都跟打仗似的。因为工作强度大，不少人称她为教学"疯子"。罗蓉的"疯"一方面源于她发自内心地对教学数十年如一日的热爱，另一方面，源于她越来越强的社会责任感。"虽然累，但大家都知道这是一件功德无量的事情，我们能影响到一位老师，她就能至少影响她班上的四五十个学生，这些学生后面又是四五十个家庭。看起来影响有限，但我们相信这是一种'播种'的工作，积少成多，星星之火可以燎原。此外，作为一名教师，分享、传播自己的教育思想和理念，本身就是一件很幸福的事情，这也是很多老师在没有行政命令约束、没有物质报酬激励的情况下愿意跟着我一起'疯'的原因。"

真学语文，未来可期

作为一名从教 28 年的资深语文教师，小学语文课堂教学永远是罗蓉老师最钟情的地方。因为钟情所以专注，无论是阶段性兼岗从事数学、科学的教学，还是后来做学校教导主任、副校长等行政工作，罗蓉始终坚守着做一名好的小学语文教师的初衷，不断在语文课堂上思考、研究、实践。华为的任正非先生在一次访谈中说："年轻人要持续不懈地努力，不要认为自己很聪明，今天搞搞这样，明天搞搞那样，可能青春就荒废了，能力是有限的，扎扎实实认定只做一件事情，可能很成功。"可以说，罗蓉用她的亲身经历，证明了这条看似简单却意义重大的人生哲理：找到自己所热爱的事，并为之奋斗一生，不断把它做到极致，无论做什么很难有不成功的！

通过多年的教学实践，罗蓉基于"课堂应该是真实的"这一核心教学思想，逐步形成了自己独特的真学语文教学观。所谓真学语文，就是主张教学要在朴实、真实的思想指导下，关注学生的需求，关注学生的思维发展，激发学生学习语文的兴趣，提高学生的语文素养，不断追求更加纯粹与完整的课堂形态。

早在罗蓉作为一名师范学生去武成小学实习时，带她的李宝珠老师就对她说："你要当老师，就要把学生放在最中央，以学生的发展为主。"那时的罗蓉还不能理解这句话的深刻内涵，经过二十多年的课堂教学，罗蓉对这句话的体会越来越深——"教师要有非常清晰的儿童立场

189

和儿童观，不管什么时候都要以学生为主体，根据不同年级学生的身心特点，调整教学方法，注重学生学习习惯和兴趣的培养，让孩子们获得成长。"一位听过罗蓉上课的老师不无感慨地说："罗蓉老师的课堂可以说就是典型的基于儿童立场和儿童观的课堂，这不仅表现在她在课堂中对全体学生的关注，更表现在她对学生不断地鼓励、帮助和激发，还表现在她与学生互动过程中言行的温暖与谦卑。尤其是她对学生的提问、回应与引导，丝毫不会盛气凌人，也不会咄咄逼人，她总是俯首弯身，和蔼亲切，循循善诱，让学生在尊重、安全和照顾的环境中体现出主体的地位。"

罗蓉说，语文是兼具人文性和工具性的一门学科。在上课时，既要把握教材中的人文主题，根据需要进行大单元、跨单元备课，通过"上跨下联"来拓展学生对人文主题的深度学习和体会，还要牢牢抓住它的工具性，深入研究文本，找准训练点，使学生熟练掌握各学段应该掌握的语言文字的应用技能。一位听过课的老师针对罗蓉课堂的这一特点总结道："语文老师对'语文'的理解，不能只是'课程''课本''课文'等这些概念，语文教学也不能孤立地理解成识字教学、阅读教学、作文教学（习作）、活动实践教学之间的并列组合。语文语文，顾名思义，是'语'和'文'的溶合与熔合，即语中有文，文中有语，互为依存；语为言，言需听和说；文为字，字要读和写。但语文，不仅仅是语言文字，更有语言所承载的文化、文学、文明之意，需要赏需要析，需要觉需要悟，需要情需要感。基于如此的理解进入语文教学，不仅要关注字词、文体、含义等本体表征，更要在意感悟、理解、体会、应用等价值特征。罗蓉老师的语文课堂就是将语与文、词与句、义与意、情与感有机融合为一体，教学过程中师生该说就说，该读就读，该写就写，该练就练，该议就议，该悟就悟，不断促使孩子用语文的方式学习语文，增强孩子对语文的感知与理解，语文课真正上出了语文味。"

在语文教学中，罗蓉特别注重语文思维的训练，让学生处于真正学习的状态。一位听过她课的老师精辟地总结道："她善于应用多种方式促进、引导和指导学生学习，让学生真正成为课堂的学习者。首先是通过设疑设问、反问追问以及学生互问等方式不断调动学生的学习兴趣，吸引学生对学习任务的注意力。其次是让学生真正参与到学习过程中，通过范读、领读、朗读、默读以及阅读中的情感体悟，让学生感受到文言文好读；通过模仿、练习、应用等方式，让学生领悟到文言文好学；通过反复读、练、议以及含义的理解，让学生把握文言文的特点。再次是给学生具体学习方法的指导，培育学生会学的学习能力。如'读书要有仪式感'的反复提示、'吸气——呼气——朗读'方法的指导练习、借助注释和插图以及联系上下文理解课文的意思的引导等，都是培育学生学习能力的重要策略。再如，当学生书写时，罗蓉老师又会提出'提笔就是练字时''练字先练姿''一看结构、二看占格、三看笔顺'以及'身正、肩平、臂开、足安'等要求，学生们都会饶有兴趣地参与尝试，乐在其中，学在其中。正是通过多种方式对学生学习的关注，罗蓉老师的语文课真正实现了课堂对学生学习的'赋权'与'增能'的有效结合。"

真学语文是罗蓉二十多年小学语文课堂教学的结晶，她计划在主持"'教育部中小学名师领航工程'罗蓉名师工作室"期间，将真学语文的经验深入总结，撰写成专著，分享给更多和她一样热爱语文、钻研小学语文课堂教学的同道。

采访完罗蓉老师，我起初的疑问似乎得到了解答：罗老师从小喜欢当老师，这与很多人从小树立美好的理想并无二致。所不同的是，她为这份追求二十多年如一日地付出，从未中断。无论经历怎样的困难，她始终牢记着初为人师时父亲对她说的话："教书就一定要教好书，不要误人子弟，做一个好老师。"初心不改，唯精唯一，二十余载耕耘，不负学生，不负韶华，这或许就是罗蓉老师能成功的原因吧。至于随之而来的荣誉，只是"修身、行法以俟"的一个结果，而非目的。

（本文原载《云南教育：小学教师》，2020 年第 1 期，引用时有删改）

"教育的更高层次是让每一个人幸福"

楚　简

"一开始，我的目标是成为一名教师，再后来，我想要成为一名好教师，现在，我是不是可以再大胆一点，带动更多的人成为优秀的教师。"

5月末的昆明，道路两旁的蓝花楹一簇一簇热闹着城市，给这座城市增添了不少浪漫色彩。

受到新冠肺炎疫情的影响，外来人员不能进到学校，我们与罗蓉老师约在一家书店见面。刚进门，便觉得空气陡然一静，一位女士听到响动回过头来，她站起身，还未开口，笑意便漫上了她的眼睛，这笑瞬间消散了人周身浮躁的暑意。

这就是罗蓉，自1991年走上教师岗位，到如今主持教育部中小学名师领航工程"罗蓉名师工作室"。成为一名教师30载，这条路罗蓉走得坚定而充实。

从教师到好教师

初中毕业那年，因为成绩优异，罗蓉的父母与班主任都建议她继续上高中，将来考一所大学，但罗蓉执意选择了另一条路："我想要成为一名教师！"15岁的她在志愿表上一笔一画填下了"昆明师范学校"几个字。

如果说，从小想做教师的愿望促使罗蓉选择了师范这一专业，毕业前的教育实习经历，更让她坚定地选择了教师这一职业。

铁球砸出来的教坛新秀

"教育实习期间，我的指导老师李宝珠对我的影响特别深，也是她让我坚定了做教师的信念。"毕业前，罗蓉被分配到昆明市五华区武成小学进行教育实习，指导教师便是李宝珠——一位深谙教育之道且平易近人的优秀教师。

实习期间，李宝珠不仅带着罗蓉熟悉教师工作，传授教学技巧，而且身体力行地展示着教师的责任心与爱心。

1991年，罗蓉以优异的成绩从昆明师范学校毕业，分入昆明市五华区先锋小学。那时的先锋小学只有18个行政班，"我想，正是因为任教于小规模学校，自己才有了更多的机会！"。

这个机会很快就来了。五华区举行全区青年教师语文课堂教学大赛，学校却没有一位有经验的教师愿意报名。被急坏的校长把眼光放到表现抢眼的新人罗蓉身上。校长找到罗蓉，问她愿不愿意参加，"我去！"，初生牛犊不怕虎的罗蓉立马答应。

而彼时横在她和语文课堂教学大赛之间的，不仅仅是新手教师、公开课经验为零等问题，更要命的是，她还是一名上岗不到一年的数学教师。

没上过语文课没关系，罗蓉每天旁听学校其他语文教师的课，在观摩学习中努力发现不同学科教学的共通之处，并将学到的内容吸收内化，与自己的课堂教学经验融合；她将听课中不懂的内容进行梳理，再请教经验丰富的语文教师……

几个月后，五华区青年教师语文课堂教学大赛的赛场上，罗蓉带着她的第一堂语文公开课——"两个铁球同时落地"取得了教师生涯中的第一个一等奖。

那以后校长逢人就说："一个铁球砸出了一名教坛新秀，砸出了一位优秀的青年教师。"这位新鲜出炉的教坛新秀却很冷静，罗蓉知道一节课、一次比赛的成绩并不能代表太多，但这次获奖经历无疑给她注入了自信，一个念头在心中悄然生长：我是不是也可以做一名语文教师，并且成为一名优秀的语文教师？

一个学年结束后，罗蓉向学校表达了自己想教语文的意愿，并如愿成了一名语文教师。

在课堂上成长

罗蓉深知一名语文教师一定要有过硬的专业技能。当时的信息获取远不如现在便利，罗蓉能接触到的优秀课堂、课例等资源大多来自本区域的几所名校。

因一直与李宝珠老师保持着密切的联系，她拜托李老师牵线搭桥，每当区域内有学校上练兵课或者有优秀教师的示范课，她便会事先调课，骑着自行车前往听课观摩。

每次听完课，罗蓉会连夜整理自己的听课笔记，"白天老师们上课时讲的每一句话、每个动作都会在脑子里过一遍，他们上课时的神态、语气和动作，我都会在笔记里用括号标注，尽可能揣摩、还原老师们上课时的情态"。

罗蓉还会在自己的课堂上进行模仿，"除了当时昆明市公认的名师外，一些课堂教学特别成熟的老师，我也会模仿他们的课堂"。

不断学习、不断吸收，罗蓉将这些优秀教师的经验内化，成为自己课堂教学的宝贵养分。一年后，五华区招收中心教研组成员，她成为团队里年龄最小、教龄最短的成员。

在经验丰富的团队里，罗蓉更加如鱼得水，跟着优秀的成熟教师一起备课、听课观摩，她像一块海绵不断吸收营养，飞速成长。

罗蓉坚信教师的成长一定在课堂上。无论多忙、多难，她都要争取每学期上一堂区教研课，让教研员和其他教师从她的课上找到需要改进的点，有针对性地攻克课堂教学的痛点、难点，也借此倒逼自己更深入地钻研教材、课标，及时了解学情，"这样才能使自己的教学有质的飞跃！"。

1997 年，25 岁不到的罗蓉被破格评为昆明市五华区学科带头人。达成"成为优秀教师"目标的罗蓉没有止步，她的目光投向了下一座高峰——特级教师。"当时我觉得特级教师是教师生涯的一种极致，是所有教师梦寐以求的目标。"

每一节公开课都是日常课

"一个学生的学习时间在 10～12 年，如果教师一直在压重担，别说培育出人才了，成为'全人'都比较难。"罗蓉主张课堂教学一定是轻松、愉悦的。

全面实施素质教育的今天，小学生"减负"问题已成为教育改革的焦点。如何做到减负提质？罗蓉认为关键是提高课堂教学的有效性。

什么是有效的课堂？罗蓉提出了"真学语文"的教学主张。"要是留心的话，你会发现现在假课堂和假学语文的现象很多。很多公开课都是热热闹闹的，上课的老师通常会带有一种展示、表演的性质。"也正是因为见过不少"假课堂"，罗蓉在立志做一名好教师的同时，也对自己提出了要求——把每节课都当成公开课来上，每节公开课都是日常课。

看似简单的要求做起来却不容易。要让学生"真"学，首先就要教师"真"钻研，找准每节课的重点、难点；要对自己的所授内容清清楚楚、明明白白。

其次，要"真"教，"我曾看过一位老师因为公开课追求完美，一节课在班级反复教了三五遍，但这样的课堂会给学生传递怎样的内容？也许此时才上小学的孩子尚不明白，但等他们长大后再回忆起这节课，一定会将它当成笑话来看。教育是涉及方方面面的，当老师上'假'课，我们面对的就会是'假'学生"。

高效课堂还需要教师将引导做到少而精，把更多的课堂时间还给学生，引导学生围绕课堂的中心问题去探究，发现知识、问题。

"只有学生自己进行了探究，才能真正对所掌握的知识进行理解与应用，这远比灌输式教学来得高效。"

罗蓉认为语文课不讲究"君子动口不动手"，特别是在以识字、写字为主的低年级语文课堂上，学生除了用脑，还要手动、嘴练。

"能够在课堂上完成的练习，我绝不会让学生们留在课后完成，'听、说、读、写'一个环节都不能少，一、二年级每节课至少要保证10分钟的写字练习。"

说到这，罗蓉打开了自己的手机，相册里密密麻麻的全是学生作业以及课堂上学生的照片。"这是班上孩子们的课堂练习。"随着指尖在屏幕上滑动，一张张作业单在记者面前清晰地呈现。与常见的课后练习不同，每张作业单上除了练字与习题板块，还有绘画的内容板块。

"作业单是您自己设计的吗？""对呀，这都是根据学生们的学习进度进行设计的！"罗蓉轻快地笑答，温暖的笑意一点点地从眼里溢出。

与寻常课堂相比，在这样的课堂里，学生学习的效率究竟如何？"对课堂知识点，我们有一个科学的评测支架进行检测。学生到底学会没有？学的程度怎么样？经过检测教师就能迅速掌握。"

如今再回过头来，罗蓉用两个词概括了自己的专业成长之路：一是热爱，二是坚持。

"教师要对这份职业打心底热爱，如果不热爱自己的专业，就不会想方设法找机会学习；但仅有热情和灵性却不能坚持下去，也无法实现自己的专业发展。"

用赏花的心情

教育从来都不只是知识和技能的训练，它更关乎精神和心灵的格局。参加教师工作第二年，罗蓉开始担任班主任，"我始终觉得，一名教师如果没有做班主任的话，肯定会有一种缺憾"。

与学生共同成长

离学校不远的云南大学有一条银杏大道，每到秋天来临，我就会带着孩子来到银杏树下。捡银杏树叶，玩老鹰捉小鸡、躲猫猫的游戏，将捡回来的叶子用来作画……

孩子们喜欢听故事，我们就会围坐在银杏树下，开始编各种各样有趣的小故事。有时候我们第一节课在银杏树下玩，第二节课就回到教室，将自己的感受写下来，或者画画，当然也可以唱歌。

当然，我们也会花一下午泡在云大，把班会搬到这里，若是有孩子在这个星期内有做得不对的地方，我就会在银杏树底下和他聊聊天，谈谈心。

冬天，我们就会去到翠湖，去观鸥亭看海鸥，给海鸥喂食。我们也会定期环翠湖捡垃圾，做一些力所能及的环保工作。

每隔一周，我们班就会去到学校隔壁的敬老院，给那里的老人们剪剪指甲，唱唱歌，陪老人聊天，给他们表演节目。班上的孩子与老人们还结成了对子，为老人们做一些事情……

1998年，凭借以活动为载体的全新德育模式，罗蓉与班上的孩子们获得了"全国优秀雏鹰中队"的称号，一名学生还成了"全国优秀雏鹰少年"。

毕业前，中队在《春城晚报》上发起了一次号召，为云南省野生动物救护中心募捐1000余元，用以救助一只成年老虎。"孩子和家长觉得这次活动特别有意义，他们都说，同龄人是成长在教室里，而自己成长在大自然中。"

在做班主任的过程中，罗蓉越发地感受到活动对学生成长的意义，孩子们在活动中学会解决问题和矛盾，在活动中促进友谊，"他们不仅是学习的伙伴，更是生活中的伙伴"。

当年毕业的学生如今会找到罗蓉，告诉她自己很怀念云大的银杏树。"他们其实已经不记得我在课堂上讲了什么，但会清楚地记得银杏树下我带着他们一起游戏、聊天的场景。"

做好每一件小事

"劳动是特别重要的。现在我看很多年轻的班主任会安排值日表，让家长帮助孩子一起打扫卫生，这虽然省事，却让孩子们少了锻炼自己动手能力的机会。"

因此，每次看到学校的年轻班主任安排打扫事宜，罗蓉都会轻轻叹气，"做班主任时，我会带着孩子们打扫卫生，一组一组，从扫把怎么拿到玻璃怎么擦都亲自示范。一个月全班都能轮一遍，到第二个月又开始轮回，到第三轮的时候，孩子们基本上就能自己完成所有的清洁任务了"。

时不时，她还在班会课上举行各种小比赛，通过比赛锻炼孩子们折叠、整理衣物，脱、穿外套，缝钉纽扣等动手能力。

通过中队活动，罗蓉下意识地锻炼学生们的活动策划能力。"懒老师培养勤快的学生，我把自己称作'懒老师'，让孩子们自己动手。"

从一年级开始，班上的孩子们便轮流进行中队会的策划，等到六年级，孩子们基本上能独当一面地策划活动。

语文课上发现朗诵特别好的学生时，罗蓉便会给他们搭档配对，担任那一周中队活动的主持人，"主持人两两轮流，永远不会固定。如果有小朋友上课发言特别好，他就能成为下一次活动的小主持"。这样的方式让班里的孩子铆足了劲在课堂上表现更好。

在罗蓉的班级里，活动与教学永远能形成互动，相互促进。"这就是班主任，做好每一件小事情，孩子们自然而然就会成长了。"

给每个孩子适合的位置

世界上没有相同的两片叶子，同样也不会有完全一样的人。罗蓉认为，每个孩子身上都有他们的优点，只是它取决于能否被发现与唤醒；身为教师，应当善于发现每个儿童的潜质，放大每个孩子的优点。

罗蓉班上曾有一位特殊的学生小 A，因为出生时供氧不足，做事情比同龄人慢半拍。在其他人眼中，这个孩子可能没有任何优点，但细心留意的罗蓉发现，这个孩子特别善良，总乐意对需要帮助的人伸出双手。

"得让他在班上有一个位置！"罗蓉想。一次，她偶然发现小 A 总是来得最早，便让小 A 做"锁长"，专门管班级钥匙。小 A 不负所托，成为班里来得最早、走得最晚的人，风雨无阻。

在罗蓉班上，小 A 不是个例，有专门负责黑板清洁的，有负责保管电脑的……每一个孩子都有属于自己的位置。在找到自己存在感的过程中，他们实现了自我发展、自我完善、自我超越。

美学研究者、教育媒体从业者吴志翔先生曾说过，优秀的班主任都有一种"柔性智慧"，能够在看似随意的举动中化解各种育人问题，善于抓住一切教育契机，巧用一切教育资源，包括各种"意外"和"坏事"；而且他们总是尽可能做到不着痕迹，尽得风流。这话用在罗蓉身上恰如其分。

从执行者到设计者

"自己教好书是第一要务，在有能力的条件下，我想还要能够影响一群人。"

从 27 岁开始带徒弟，罗蓉已经有 22 年做"师傅"的经验。但从一个人到一群人，罗蓉不敢放松一丝一毫，这是一份虽然难，但一定要坚持担下去的责任。

丈量教育地图

从"语文综合性学习课程"到"针对不同文体的阅读教学"，再到目前根据统编教材在做的"阅读策略和习作策略单元教学"研究，罗蓉带领团队根据语文教学的最新动态进行一以贯之的教学研究，研究教学方法，并随时将最新的研究成果分享给云南省乃至全国的语文教师。这也让罗蓉工作室的公开课成为昆明市乃至云南省的语文教学风向标。

团队教师会收集自己日常教学中的困惑点与难点，工作室再进行有针对性的研究与突破。每一个研究点一定来源于课堂的实践，一定来源于一线教师的需求点和难点，其目的一定是解决一线教师在课堂上的困惑和问题。

就在记者采访的前两天，罗蓉刚刚完成了昭通市彝良县的教师线上培训。这些年，罗蓉与她的团队去过很多地方，不管是繁荣的城市还是偏远的山村——最远的，甚至离国界线仅 10 余千米。在留下足迹的同时，也留下了自己的教育理念与教学成果。罗蓉从不根据学校名气来选择帮扶的对象，"只要学校向我们提出有关教学的需求，我都愿意去"。她们用对教育的热爱丈量出一幅云南省教育地图。

身边的朋友与亲人时常会对罗蓉提起外界对她的赞赏，但罗蓉知道赞誉的背后是自己数十年如一日兢兢业业、勤勤恳恳的努力，"走到今天，其实没有什么捷径，我只是将闲暇时间利用起来。别人喝茶、聊天的时候，我可能正在阅读或是总结，亦或许我正在帮助别人研究教学的问题"。在昆明，有很多教师经常请教罗蓉，不管是否熟识，只要有空，她一概都答应下来，帮忙一起备课、教研，"教师能有想法比什么都难，而如果能够给到这些老师们帮助，对我而言也是一种幸福"。

赋予教育幸福感

昆明学院附属经开学校（以下简称"经开学校"）是一所 2016 年新建的民办学校，相较于罗蓉曾经所在的昆明高新区第一小学（以下简称"高新一小"），经开学校虽然新，但师资力量较薄弱。

"一是想实现自己的教育理想，二是觉得我还能培养更多的教师。"这是罗蓉想要做出改变的初衷。三年前与校长李晋德在昆明学院的一场谈话，促使她更坚定地来到经开学校。

"那天，校长带着我转了一圈昆明学院，介绍学校的师资情况，既然有这么好的高校资源，为何不将它们利用起来呢？"越想越兴奋的罗蓉在脑海里迅速架构了一个课程框架，并随着校长的介绍一点点往框架里填充内容与资源。参观完昆明学院，罗蓉脑海中的课程设计框架也差不多成型了。"只要你来主持，学校会毫无保留地支持！"校长的这句话让罗蓉义无反顾地来到一片还未开垦的教育沃土，深耕自己的教育理想。

来到经开学校，罗蓉发现学校的教师非常年轻。根据教师的特点，她将学校的教师成长分为三个层级，从新教师的个人成长，到骨干教师培养辐射部分年轻教师，再到区级骨干教师具备独立的教学设计能力与教学理念，三个层级层层递进，形成一个完善的成长梯队。同时，她主张对教师讲行定性、定量的过程性评价，让教师们能在 3—5 年内脱胎换骨。

付出心血的浇灌总能培养出最美的花朵。经开学校的发展有目共睹，从 2017 年的 16 个班到 3 年后的 32 个建制班，新教师成长迅速，基本实现一年能上课、三年上好课的目标要求。

作为学校的教育教学管理者，罗蓉希望能赋予每一位教师幸福感。"让教师在工作中找到定位与幸福感，把教育当成事业来做；教师要与学生互相成就，这也是一种幸福；让学校成为教师和学生的乐园和家园。"

教育的原点是"育人"，旨归是"成人"。教师的一举一动都有自己的人格介入，无形地浸润着学生，长久而不着痕迹地熏陶和感染学生。因此，罗蓉常对教师们讲，对学生要有爱心、耐心，要帮助学生树立信心。"对学生而言，教师的一个微笑可能是最好的鼓励。"因此不论是在罗蓉所在的学校，还是在她所带领的团队，教师无论在哪里授课，推开教室门的那一刻，学生第一眼看到的都是教师的微笑。

在罗蓉设想并正在努力的教育蓝图里，每一天都能看到学校教师和学生发自内心的笑容。"我想让教师和学生们觉得在学校是件快乐的事情，让家长真正认可学校的理念。"

（本文原载于《全视界教育》，2020 年第 9 期，引用时有删改）

教学实践

真爱学生
赏识每一位学生
罗蓉

新课程的核心理念是"一切为了每一位学生的发展"。赏识教育作为教育的一种思想理念，它要求教师遵循生命成长的规律，走进学生的内心世界，在信任、尊重、理解、激励、宽容、提醒等热爱生命、善待生命的进程中，发现学生的闪光点，促进学生的全面发展。

帮助，从容面对潜能生

在人们眼中，教师是辛勤的园丁，是默默燃烧的蜡烛，是学生灵魂的工程师，是传道授业解惑者。听着这些赞美之词，我心中不时也冒出疑问：我能教给我的学生什么？我该教给我的学生什么？于是，我努力地提高自身的专业素养，并且非常关注班上同学的成绩。

直到经过学生小皮（化名）的故事，我才真正发生了认识上的转变。小皮天性聪明，但是经常在班上调皮捣蛋，学习上、行为习惯上都与众不同。

有一次，他甚至将同学的书包直接从3楼教室扔了出去，因此，他成了老师办公室的常客。清楚记得，今天我才批评教育了他，明天老毛病依旧；刚刚纠正过的错误，又仍然明显地出现在他的作业本上；屡次交代过老师不在的时候要遵守纪律，走进教室迎接你的依然是他张牙舞爪的身影和与同学闹哄哄的交响曲……为此，我时常十分严厉地批评他。

有一天，小皮的爸爸来到学校破口大骂，当面指责我不会教书："凭什么对其他学生都是表扬对小皮偏偏是批评?"无论我怎么解释，小皮的爸爸都坚持要给孩子转学。一番劝说之后，我说："你给我一个学期的时间，如果一个学期之内，小皮的行为习惯没有任何转变的话，你们再转学我没有任何意见。"

就这样，我开始重点帮助小皮纠正不良习惯，意料之外的是，自己单方面再大的努力也架不住家校共育的失衡。

小皮爸爸始终对孩子抱以溺爱的态度，甚至是处处为他撑腰，使得小皮毫不惧怕我的批评，常常是习惯稍稍有所改善，几天之后又变回原样……

最终，小皮还是转了学。后来，我从其他同学口中得知，转学之后的小皮仍然长期在学校和同学打架。

对小皮教育的失败成了我心里永远的遗憾，让以前只注重成绩的我开始不断反思自己："每一种花开都有适合自己的条件与时间，花儿不开，说明是条件不成熟或时间不合适。"

也正是从这件事情过后，我意识到："要更加关注学生的心理健康和良好习惯的养成，这远远比学习成绩更重要。"

是的，在我们任教的过程中，常常会遇到很多成长困难生，有些不光学习成绩差，而且组织纪律性差，下课时还经常调皮捣蛋，有意无意地去破坏其他同学开展正常的游戏和活动，因此，这些孩子在班级中不受同学的欢迎，经常遭到歧视和冷遇。面对这些孩子，我们应该多给他们一点宽容，多给他们一点时间，以最大的限度去呵护那一颗颗脆弱而敏感的心。在宽容中，留给他们反省的余地，消除他们恐惧不安的心理，萌发他们的自爱和自重之心，等待他们道德上的自我教育。做到宽中有严，严中有情，因人而异，持之以恒。只因为："教育大计，百年树人。"

几十载的教育教学工作中，有苦有乐，有感受，也有困惑，也让我拥有了一颗更为平和、坚定而充实的心！不管外面的世界有多热闹喧嚣，我依然淡定地坚守着自己的那一块麦田，在讲台上的每一天，都真正关注孩子的成长，促进他们身心健康发展，就是我的教育追求。

成长，需要以崭新的姿态

多年来为人师表，在讲坛上不断地上演着自己的教育教学故事，许多都已随着时日的流逝而渐渐淡忘，可也有一些就如同树根一样深深地扎根在了我的心上。虽不曾惊天动地，但仍历历在目，让我感悟至深。

小云（化名）是一个患有孤独症的孩子，他天然地将其他人拒之门外，不愿意和外人交流，像一颗孤独发光的星星。这个年纪本来该有像小溪一样澄澈透亮的眼睛啊！他的脚步应该像小鹿一样欢喜蹦跃，他的心情应该像雨后的彩虹一样奇彩纷呈。可是，这孩子的眼神，就像桃花林山后天幕上的一朵乌云。上课的时候，他常常一个人趴在桌子上默默画画，我觉得他是因为没有安全感，所以想用画画的方式将自己包裹起来。

为了帮助他树立自信心、融入集体中，我认可并鼓励小云画画的爱好，同时也和他约定：上课的时候首先要认真听讲，在听懂了老师讲的课以后，就可以自己画画。不仅如此，每次开学的时候我都会为他准备一本新的画本作为礼物，鼓励他向成为画家的理想努力，并向班上的同学展示他的画作。我发现当同学们发自内心地称赞他的作品时，他的眼睛里顿时有了光彩。他不愿意和同学接触，却喜欢和我说话。

于是，我有空就同他聊天，有意识地锻炼他的语言潜力，教他正确地咬字、发音，校园的每一个角落都留下了我俩的足迹。同时，我还让同学们多关心他、多亲近他，陪他说话、陪他到操场上一起玩耍、游戏。多少次，我在远处默默地注视他，观察他的变化……只要有一点进步，有一点闪光，我就真诚地表扬他，及时地给他信心。

欣喜的是，小云最后变了，变了！他的脸上有了笑容，心中有了爱意。母亲一般的耐心、温柔和陪伴终于渐渐打开了这个星星的孩子的内心。他变得开朗起来，学习成绩稳步提高，画画也越来越好，还经常跟我分享他的喜怒哀乐，我也逐渐成了他最信任和最依赖的人。后来，我从小云妈妈的口中得知，其实在孩子心里，我的重要性已经超过了妈妈。

毕业之后，小云还在教师节那天特地回到学校，为我送来一束鲜花。令人惊喜的是，这个心思细腻的小男孩儿还悄悄为我买了一个发卡，还是我最喜欢的颜色。看着原本孤寂的孩子变得温暖懂事和阳光自信，我心里有一种说不尽的幸福和满足。

在分别的时候，小云腼腆又主动地问："罗老师，我特别想抱抱你，可以吗？""当然可以！"说完，我一下子抱住了他，眼眶湿润了。那一刻，我感动得一塌糊涂。

我想，我是幸福的，因为我爱我的学生，同时也收获着学生的爱，爱是幸福的，被爱更是一种幸福。教育，其实也不用太多的言语，有时只是眼与眼的对望，心与心的互换，爱与爱的交流。因为有爱，所以我不知疲倦地歌唱，因为有爱，所以我不计回报地耕耘。

我们都知道教育的本质意味着："一棵树摇动另一棵树，一朵云推动另一朵云，一个灵魂唤醒另一个灵魂。"什么是成功的教育？从来就没有标准答案。

我想：帮助孩子找到自己的人生方向，并让他怀揣信心、勇气和满满的温暖踏上属于自己的人生之路，这是每个教育者最大的功课。当我们真正接受孩子的不完美时，当我们能为生命的继续运转而心存感激时，我们就能成就完整。温和友善，胜于强力风暴。教师一个灿烂的微笑，一个赏识的眼神，一句热情的话语都能缩短师生间的差距。在对孩子的教育过程中，我们多么需要微微的南来风啊！

情在左，爱在右，走在幸福的教育路上，随时撒种，随时开花。走上这一方小小的三尺讲台，豁然发现，这儿是一个浩瀚温馨的世界。教师如同花匠，在教书育人的这条路上，需要守着一份宁静、一份淡泊，静心再静心，微笑再微笑。每天上班的路，都是平凡的足迹，但普通的工作，仍能觅到美丽的诗行。我想作为教师，最大的幸福就是可以陪伴着我的孩子们在成长的路上遇到最好的自己，然后欣喜地看着他们以崭新的姿态成长、拔节！

等待，也是一种爱的期许

教育是一个漫长而优雅的过程，这种过程本身就是一种等待。给学生一份期待，给学生一方晴空，他们定会在不经意间给我们带来惊喜，带来收获。每个孩子都是带着特殊印记来到人世间的，除了遗传 DNA，还有后天的家庭和学校教育，他们将会被塑造成什么模样呢？只有时间能给我们答案。生长是条单行道，每一个孩子的生长历程都是不可复制的生命故事，而未来的不确定性更增加了这种选择的难度。

那么对于教师来说，我们应当在孩子们的生长过程中扮演什么样的角色呢？

有的学生老是违反课堂纪律，上课总是坐立不安；有的学生总是打架；有的学生老是不讲卫生，有的学生做作业总是磨磨蹭蹭。

作为老师，面对这些学生，有时是批评指责，不顾情面；有时则越俎代庖，拔苗助长；有时不闻不问，弃之不顾；唯独放弃了信任与期待，竟让"别急，慢慢来"成了一句久违的空话。

我记得班上有个新转来的学生总是拖拉作业，我多次批评她，效果仍不理想。

一天放学后，其他同学都走了，她的课堂作业仍然没有写完。我随口说了句："你做，我等你！"本意是看看她究竟要拖到什么时候！偏偏她误解了我的意思，抬起头充满期待地说："老师，你真的愿意等我？那我做快点。"看着那一双水汪汪的大眼睛，我不忍浇她一盆冷水，便随口说："是的，你做，有不会的问老师。我想你作业做得不快，肯定是因为在做作业的过程中有困难，所以老师决定和你一起来克服困难。"

不料这一次她做得比我想象当中快了许多，并且正确率也提高了。我很惊讶，在未来的日子里，我试着耐心地对她进行辅导，放学后寂静的校园成了我们师生俩无碍沟通的天地。渐渐地，我发现她完成作业的情况较之前判若两人，并且连背书都能赶上全班了！她在转变，她感受到了我的期待，她看到了自己的成功，也品尝到了成功的喜悦。这一切竟如此有魅力，它胜过了那么多狂风暴雨般的批评教育！

由此我发现，老师的鼓励和期待对学生来说竟是那么重要，那么熠熠生辉。我告诫自己在面对一些学习有困难的孩子时，要更加多一些耐心，多一分等待，要用爱去浇灌、用爱去宽容、用爱去信任、用爱去激励，把学生最需要的关怀和爱心送给他们，用至真至诚的情去打动他们。

我希望所有的孩子都能获得最适合他们的生长时间和生长轨迹。是的，时间、时间对于等待孩子生长来说是十分必要的。在急躁的社会环境中，我们作为教育工作者一定要有静待花开的耐心，而这也恰恰是最难做到的，最弥足珍贵。既然选择了教育，就让我们将上善若水、静待花开的教育情怀和最美的教育理想一同装进行囊，终身守望！

美国心理学家威廉·詹姆斯曾深刻指出："人性最深层的需要就是渴望得到别人欣赏和赞美。"欣赏、赞美和鼓励便是助孩子飞向成功彼岸的翅膀。可怜天下父母心，哪个父母不望子成龙，望女成凤？作为教师，最大的愿望莫过于学生"青出于蓝而胜于蓝"。如果能让自己的学生有更美好的前程，我会不遗余力地努力，因为学生的成就就是自己的成就。赏识学生就是让他们走向成功的第一步。

（本文撰写于 2019 年 8 月）

真实成长

——足迹遍云南，视野尽芳华

罗蓉

在岁月的长河中，我始终坚持着用对教育的热爱和执着串连成每个真情的故事，在年轮的一圈圈中，跃动着光彩，往来着心灵的交流、灵韵的相依相望……

真诚地送教，相信种子的力量

沧源佤族自治县，位于祖国的西南边陲，与缅甸接壤，是一个佤族、傣族、拉祜族和汉族等民族聚居的地方。沧源佤族自治县，这里交通不便，教育落后。

2014 年的 2 月 28 日，我来到了这里送教。课前，我面带笑容地和学生交谈：有朋自远方来，不亦乐乎，孩子们，我到了你们沧源，你们高兴吧？想认识我吗？接着我出示了一段用文言写的自我介绍：吾姓罗，名蓉，云南昆明人氏，爱旅游，好读书，乃教师是也。

之后又用同样的方式让学生做自我介绍，在自我介绍中，激发了孩子的兴趣，拉近了师生之间的距离，还为学生学习新课做了铺垫。自我介绍后，我引导学生读了几句经典文言名句，之后引出刚才我们读的句子是文言，用文言写出来的文章就是文言文，今天我们要来学习小学阶段的第一篇文言文《杨氏之子》。从课前互动到引入新课，学生的参与兴趣已被调动起来了，教学水到渠成。

课程接近了尾声，学生会读文言文、会理解内容了，能感受到杨氏之子的"甚聪慧"。我适时进行了拓展延伸，假设来拜访的人姓梅或者姓黄呢，他们又会进行怎样的对话？

最后的环节，我介绍了这个故事选自《世说新语》，像这样有趣的故事还有很多，鼓励学生多去读读这本书，激发学生读书的兴趣。

精彩的讲座，醍醐灌顶地觉醒

培训是最大的精神福利，我的"如何进行高效的小学语文教学"专题讲座从语文课程的特点出发，带着老师们分析了什么样的课堂才是高效的课堂，如何进行高效的教学设计。

对于边远地区的老师们来说，由于受地域的影响，家长对孩子的教育不够重视，学生的基础相对薄弱，开展工作总会遇到很多困难。加上沧源交通闭塞，老师很少能走出去学习，课堂高耗低效的现象屡见不鲜。

有的老师说："今天听了罗老师的讲座，真是醍醐灌顶啊！我们很少能走出去，想不到在学校也能听名师的指导，就是辛苦了罗老师啊！"这是那天讲座结束之后，我听到的一名语文老师所发出的感慨。

我在讲座中寄予了对老师们的希望：简简单单教语文，扎扎实实提质量；尽量把家常课上成公开课，把公开课上成家常课；不要过于依赖多媒体手段，再美的图片也代替不了文字的魅力。

有人说，一粒种子可以改变一个世界。我想说，我希望自己给沧源教育播下的一粒种子，有一天也能长成参天大树。

短暂的出行，绵长的友谊

2017 年 11 月 24—25 日，受广南二小张忠惠校长的邀请，我带领两个徒弟到广南二小参加"云岭名师引领，携手探究小语课堂——昆明、广南两地工作室联谊教研活动"。

从受到邀请的那天，我就积极组织徒弟们进行课堂演练，在原有教学的基础上一次次地修改、一次次地试讲，力求把最好、最实用的教学理念通过课堂传递给听课的老师们。

活动当天，参与的老师有广南县各级教研员、学校骨干教师及语文教师代表 200 余人，会场的座位坐不下了，老师们就到教室里找来小凳坐在过道上听。窗外虽然阴雨绵绵、冷意袭人，可会场里却暖意融融。

我们一共送去了四节课。识字课上用游戏的方式引导孩子在玩中学，做到字不离词，词不离句，带领学生在趣味学习中渗透多种识字方法。古诗课堂以读为主导，以文眼为主线，引导学生在反复朗读中品词析句，引导点拨诗词意象，提升感悟内涵。神话课上精选句子，体会古文神话语言表达特色，并学会语用；在原著拓展中，激发阅读欲望。文言文课堂上反复诵读，引导迁移运用古今对比，语言成就经典，值得品味美读。不同的课型，不同的教法，一步一步走稳、走扎实，让学生学有所获，让老师听有所悟，每一节课都得到了听课老师们的高度肯定。

课后，我还与老师们进行了交流讨论：从每一个细节、每一个环节进行了分析，说明意图，为什么我们要这样上？带来的结果会是什么？今后如何在这一方法上进行延伸？后续要如何做？同时，针对老师们提出的教学困惑进行解答，每一个解答都能带出课例引导感悟，非常具有实操性。

随后，我结合自身教学经验和全国课赛优秀课堂实例，为在场的老师交流了如何在阅读课中指导习作，如何联系生活实际理解、阅读文章，如何在课内阅读中积累拓展课外读物等，解决了老师们习作与阅读教学指导的困惑。这一次的交流互动让工作室与广南的老师们搭建了交流友谊之桥。

三个月后，广南县莲城镇的老师得知我们要进行统编教材的研习活动，立即与我联系，要组织老师们一行十多人来昆明参加，并且希望我能对学校的校本教研工作进行指导，让他们进行观摩学习。

我马上为他们进行了安排，老师们不仅听到了统编教材的新理念，也参观了学校的文化建设、听取了学校校本教研工作开展的方法和经验，并且看了历年的一些材料和成果，积极地沟通让老师们不虚此行。

2018 年 5 月，广南的一位老师要参加广南县学科带头人、骨干教师的评选，抽到课题后，他第一时间和我取得了联系，我马上和他一起研究分析教材，确定教学方向。老师试讲后又和我进行沟通，课堂有难点的地方再一次进行修改，从而让教学进行得更加完整、流畅。

教学中，像这样的小事还有很多，每到一个地方，我带去的不仅是课堂教学，更多的是教学的理念、教学的方法。也许一节课不能让一线老师们感悟太多，但是只要有一点收获、一点触动，我们的出行就是成功的。我们也因此认识了更多志同道合的朋友，在语文教学的路上携手前行。

在分享中学习，在交流中反思

景东位于云南省普洱市，这是个风景秀丽的地方，冬无严寒，夏无酷暑，其实团队很早就想到此送教交流。为了积极促进城乡教育的均衡发展，更新教师教育理念，提高课堂教学水平，充分发挥名师团队的示范引领作用，机缘巧合之下，2018年11月30日—12月1日，应景东进修学校的邀请，我带领学员万琦、飞秀、王璐琪和毛艳红四位老师到景东参加"2018年送教下乡项目培训活动"。两天的时间，老师们齐聚景东教师进修学校，在分享中学习，在交流中反思。

其实，我们作为教师，一直在思考，应该教给学生什么。这也是我对工作室每一位成员老师强调的，教育就是要滋养孩子的心灵，教给孩子们学习知识的方法，让他们有自主获取知识的能力。因此，光教书本不行，更要教学生从书本上获取知识的方法和能力，授之以鱼不如授之以渔。

2018年，统编教材尚未普及，还在试用阶段，一线老师对于新教材还比较陌生，我带领团队教师率先认真地研究实践，力求每节送教的课都能达到最好的教学效果。

记得昆明市经开五小的万琦老师执教统编小学语文二年级下册第四单元的《我是一只小虫子》。万老师擅长简笔画，在黑板上寥寥数笔勾画出了生动的昆虫，她总是边画边说。板书的设计在课堂教学中其实很重要，它能够吸引学生足够的兴趣，而兴趣是最好的老师。从一只小虫子的视角引导孩子们观察世界，感受生活。整节课教学构思巧妙，认真听了课不难发现，万老师适时地退到了讲台边，把思考和读书的时间留给了可爱的孩子们，整节课学生用自己的眼睛去发现，用自己的耳朵去倾听，用自己的大脑去思考，用自己的心灵去体验。

徒弟们经常用一个词来形容自己在团队的最大感受——成长。盘龙区东华小学的王璐琪老师此次送教景东的是《风筝》一课。王老师第一次找我磨课的时候，我给出了这样的评价——花哨有余，但不够扎实，没有找准单元目标和课程目标。

我语重心长地告诉她："我们在备课时，要明白统编教材编者的意图，每一课不是独立的存在，一定要有单元意识，一定要把这个单元的内容串联起来，这样的课才不会偏离目标。"

随后我赶紧帮王老师找到单元导读，要求她再上再磨，经过反反复复五次试上，在我这里才算通过。是啊，磨课即磨人，这个过程是辛苦的，但收获是巨大的。我经常告诉团队老师，每一次送教都是磨炼自己的机会，只要是代表工作室出去上课，就不允许大家轻视，这是原则。关于送教，我们传递的是教学理念、方法，是正确的导向，有多少老师期盼能接受更多新的东西，所以我们必须要对自己上的课负责。

为师者，必先立德，工作室老师的成长不仅是教学能力，而且有责任感与使命感。

12月1日上午，我为景东的老师们带来了"阅读教学中的语用训练"的专题讲座。讲座中，我提出，在教学中，我们如果要重视语言文字的训练，就离不开课堂上语文要素的高效落实。教师要转变教学理念，从原来以学习课文思想内容为主转变为以训练语言文字的运用为主，从以教师讲读课文为主的课堂教学形态转变为以学生语文实践为主的课堂教学形态。

我还同时列举了大量的优秀课例，让在场老师对如何落实语文要素有了新的认识。我认为，教育就是给孩子们心里埋下一颗种子，让它生根发芽。阅读为什么这么重要，是因为当人们在生活中面临困惑、孤单、迷茫的时候，可以在书页里寻找到慰藉。

心手相牵，砥砺前行

楚雄彝族自治州属于云南省下辖的自治州之一。楚雄州是人类发祥地之一，有着悠久的历史和灿烂的文化。它位于云南省中部偏北，属云贵高原西部、滇中高原的主体部位，自古为省垣屏障、滇中走廊、川滇通道。楚雄州东靠昆明市，距离昆明100多千米，这里有云南省属全日制普通本科高校——楚雄师范学院，位于云南省楚雄彝族自治州州府楚雄市。

作为一所师范学院，它承担着培养云南省未来教育人才的重任，所以我也受邀成了楚雄师范学院的国培专家，正因为这样，我与这片土地结下了不解之缘，而我的徒弟们也跟随我的脚步，多次到楚雄送教，把新的教育理念、前沿教学方法带到楚雄，植根在楚雄的小学教育沃土中，让小语教学这棵树在楚雄蓬勃生长。

两年来，工作室共四次到楚雄送课，涉及送课教师 7 人，送课内容涉及统编版教材的阅读课、阅读策略课、群文阅读课以及专题讲座，覆盖了楚雄市内的所有小学，以及周边乡镇小学。

由于工作室的老师来自不同的学校，所以每一位老师在决定去楚雄送课时，他们都是提前安排，在完成自己本校的工作后，又驱车前往楚雄参与送课的，这样的节奏虽然比较快，作为一线教学的老师来说也比较辛苦，但每次接到送课任务时，老师们都积极参与。

这一次次的送课，不仅是对送课教师能力的提高，而且是和楚雄老师交流的机会。大家都很珍惜这样的送课机会，而每一次送课前，老师们都充分利用了工作室集体教研的优势，各成员老师群策群力，为送课老师提供了极大的帮助。这样的成功背后，充分体现了工作室老师的集体智慧，也展现了罗蓉名师工作室的凝聚力。

就拿工作室的高蕊老师来说，她送课楚雄的内容是一节群文阅读课，课文以苏教版小学语文四年级下册第三单元《三顾茅庐》一课为依托，根据学生的认知特点，选择了《三国演义》中刘备、曹操和孙权三个求贤若渴的故事，群文阅读，以读代讲，以读促悟，陪伴孩子们品味细节描写，感受经典魅力，树立学习、文化双自信。看似一节读名著的拓展课，可是如何选择拓展的点，让学生乐读，但是又不会增加四年级学生学习的负担，这对于老师教学的把握是极难的。面对这样新的挑战，我从备课之初就给予了高老师指导，并集合工作室力量，群策群力，帮高老师选择阅读角度，切入难点，让学生在阅读中掌握方法的同时，感受经典魅力。每一次讨论，就是一次思维火花的碰撞，每一次试讲，就是一次历练。为了能呈现一节优质的课，我经常会利用下班时间和高老师沟通上课的细节，每次试讲后，我也会细致地为高老师梳理每一个环节，从一句话的表述，到板书的设计，事无巨细。

再说王雷老师，作为一位男老师，王老师习惯了上高段的课，可是，为了能够给楚雄的老师带去一节不一样的课，王老师尝试挑战了一节统编版一年级古诗《池上》。备课之初，我就给王老师提出来很多教学的方法和理念，但是担心王老师把握不好一年级的课，在我们一行人抵达楚雄吃过晚饭后，我带领几个送课的老师一起在酒店房间和王老师梳理每一个环节，甚至扮演学生，和王老师互动，直至深夜，让他找到上课的感觉。

第二天，王雷老师的课堂以生为本，准确定位一年级学生年龄小、阅历浅、知识有限的学情，通过找景物，帮助学生轻松地扫清阅读障碍；紧抓诗眼——偷，带领学生梳理古诗脉络；巧妙地进行角色置换，引导学生品味古诗的情趣。整堂课，"诵读与品读齐飞，训练共展示一色"，展现出了低年级古诗教学应有的姿态。

每一次到楚雄，我都会给楚雄的小语人带去实效性极高的讲座，我从课堂教学实例出发，结合教育教学理论，由浅入深，直指语文课堂教学实际，让所有聆听的老师醍醐灌顶。语文课，教的就是语言文字运用。语文教学，特别是阅读教学切忌意大于言，务必关注语言建构与运用，切实培养孩子们的语文核心素养。

走进楚雄，开展的教学研讨活动真实、开放、有效，为的就是引领更多的云南小语人打造真实、开放、有效的语文课堂。推进课堂革命，我们心手相牵，砥砺前行。"为真教努力，让真学发生"，为师生的真实成长，我们坚定不移，共同奋进。

（本文撰写于 2020 年 12 月）

工作室建设

名师工作室建设经验之谈：星星之火点亮"小语梦"

罗容海

编者按：名师工作室建设是新时代深化教师队伍建设的重要抓手，是实现2035年"培养造就数以百万计的骨干教师、数以十万计的卓越教师、数以万计的教育家型教师"的重要途径。名师工作室该如何建设，各地涌现了一些经验做法，本期我们介绍教育部首期名师领航工程罗蓉工作室的一点做法，并配发短评。欢迎更多的老师给我们提供相关信息，互相交流启发。

2019年5月29日，是教育部中小学名师领航工程罗蓉名师工作室正式挂牌成立的日子。这一天，来自云南昆明、玉溪、丽江、楚雄、红河、景洪、文山、临沧等州市的10位老师与罗蓉老师，为了共同的小语梦而走到了一起。

搭建多方平台，名师引领促真研

时光荏苒，一年的时间已经悄然过去。回首这一年里，工作室在昆明、文山、玉溪分别举行了三次集中研修活动；主持人罗蓉老师赴丽江送培，到墨江送教……现场诊断，结对帮扶，在各地留下忙碌的身影；工作室成员则于各自所在区域，以辐射引领为己任，立足教学一线，以至真至诚的态度开展扎实有效的教学研究活动。

工作室主持人罗蓉老师，时时事事，率先垂范，引领全体成员开展真教研，领悟真语文，展示真课堂，让教学真正在课堂上发生，让名师工作室的引领示范作用真正落到实处。除了在"罗蓉名师工作室"的微信公众号推出工作室老师们原创的微课、教学设计、课堂实录、教育教学经验等各类教学资源，罗蓉老师还亲自到学员所在的各基地校进行回访，为当地的教师带去最新的理念、最新的方法和最新的研究成果。

2019年9月9日，罗蓉老师在文山州砚山县第二小学为砚山县的小学语文教师作题为"统编教材习作编排变化及教学建议"的专题讲座。2019年11月1日，罗蓉老师到丽江市古城区大研中心小学开展送教活动，古城区教研室的教研员、大研中心小学的全体语文教师及古城区的小学语文骨干教师参加了此次活动。2019年11月15日，罗蓉老师在玉溪市元江第四小学与来自玉溪各区县的小学语文骨干教师们就"阅读策略单元如何教"的问题展开讨论和交流。2020年5月11日，罗蓉老师为西双版纳州景洪一小教联体及领航班王艳团队的成员们作题为"统编版六年级教材解读及教学策略"的线上专题讲座……

但有所需，必有所应。罗蓉老师所到之处，老师们无不欢欣鼓舞，罗蓉老师的一次次倾情送教使广大一线教师受益无穷、如沐春风，真正彰显了一名名师春风化雨般的人格魅力和求真务实的研学作风，促进了各地真教研的开展。

依托课题研究，集体送教促分享

工作室聚焦统编小学语文中高年段阅读策略单元的教学，开展了"小学语文中高年段学生阅读策略指导"为专题的课题研究工作。全体成员在团结协作研究教材的基础上，大胆进行阅读策略单元的教学尝试和打磨，并将团队研究的成果以课例、讲座等多种形式送至基地校进行分享和交流。

挂牌仪式暨第一次研修活动之后，2019年9月9日至10日，罗蓉名师工作室赴文山州砚山县第二小学开展联合研修活动。在活动中，罗蓉老师及合跃金老师分别以"统编教材习作编排变化及教学建议""关于教材衔接的问题及教学建议"为题开展专题讲座。何金莲、石艳、和爱清三位老师在活动中进行了阅读策略单元的课堂教学展示，王雷老师则展示了一节精彩的习作课教学。活动开启了工作室的研修送教之旅，开启了工作室"在送教中研修、在研修中送教"的学习模式。

2019年11月15日至16日，工作室在玉溪市元江县第四小学开展了研修活动。工作室的马彩琼、邓巍、王艳老师与云南省"万人计划"教学名师姚桂琼名师工作坊、玉溪市小学语文马玉超名师工作室的老师们一同展示了阅读策略单元教学研究的新成果，与玉溪市的老师们在思想和方法上进行了深入的交流与探讨，也给元江县的小学语文教学注入了新的活力。

研修活动不仅体现了罗蓉名师工作室立足课堂教学、脚踏实地开展课题研究的团队精神，而且体现了工作室乐于分享研究成果、不断发挥示范引领作用的宗旨。

立足地方实际，成员引领促教研

云南省各州市因地域、民族等多种因素而形成了不同的地域特点和文化特点，各州市的教育发展水平参差不齐。工作室的每一位成员除了教学工作之外，还承担着当地的骨干教师、学科带头人、兼职教研员等角色。他们认真研究当地小语教学的现状和存在的问题，针对一线小学语文教师的需求和小学语文教学科研工作的需要，积极参与当地教体局、教研室和学校开展的教学科研活动。

马玉超老师带领玉溪市的小语骨干教师积极开展各类活动，并进行"古诗文赏析技能提升"的专题研究。王雷、何金莲、合跃金三位老师多次参加省教科院组织的课堂教学观摩活动，并承担示范课执教任务。石艳、和爱清、王艳等工作室的其他老师也积极参与到沧源县、古城区、景洪市等自己所在区域的教学研讨和教师培训工作中。

在各项活动中，老师们或执教示范课，或开展专题讲座，或参与课题研究，或作专题报告……领航班的成员们尽己所能，多层次为云南的小语教学研究工作添砖加瓦、加薪添柴，积极发挥示范引领作用，让工作室辐射周边的理念得以生动的体现，有效促进了各地小语教学的改革和发展。

扩大辐射范围，团队组建促成长

2019年10月底，根据教育部领航名师工程的具体实施要求，工作室的十位成员在罗蓉老师的指导下分别选拔了各自所在区域的五名优秀年轻教师，组建了自己的研修团队，马玉超、王雷、石艳等成员还在当地教体局及所在学校的支持下相继成立了不同级别的名师工作室。十个团队共计五十名年轻教师的加入使工作室的队伍变得庞大起来，工作室的辐射范围不断扩大。短短几个月，工作室的马玉超团队、合跃金团队、石艳团队、王艳团队、和爱清团队等多个团队因地制宜地开展了形式多样的研修活动，使工作室的活动呈现百花齐放春满园的勃勃生机。在罗蓉老师和工作室成员的引领下，领航班各团队的年轻教师们茁壮成长起来，为各地小学语文教学的研究与发展锦上添花。

短短一年，罗蓉名师工作室成员的脚步遍及全省多个州市，送教帮扶活动频繁上线，凸显了名师工作室在教学科研和教师专业成长中的重要作用。在罗蓉老师的带领下，工作室全体成员充分彰显工作室示范、引领、辐射的宗旨，如星星之火点燃了各地小语教师参与教育教学研究的热情，点亮了更多一线语文教师的小语梦。

短评：星星之火必须燎原

教育部领航名师罗蓉应约发来工作室经验文章，其名曰：星星之火点亮"小语梦"。读毕之后，国培君对于名言"星星之火，可以燎原"有了更深体会。

近年来，名师培养制度已经在各地广泛实施，国家级、省级、市级甚至区县都逐渐有了自己的名师培养制度。但是相比起庞大的 1700 万专任教师总数来，确系"星星之火"。况且，名师能否被培养出来，或者通过目前建立工作室的方式能否培养出来，在还没能靠时间给出检验答案之前，这套名师培养理念以及相关体系制度，更堪称"星星之火"。当年，革命先辈在井冈山八角楼，于此境况当体会更深。也正因此，星星之火，无它出路，必须燎原。不燎原，便被原野所遮盖，所熄灭，所否定，所忘却。自然界如此，教育界亦然。

那么问题来了，以何燎原？国培君发现，罗蓉名师工作室已经在材料中流露天机。此"机"其一曰"联"。联合、结对、共同，乃至"教联体"，放眼罗蓉工作室及其成员工作室、工作站的活动，无一不是联合作战、协同作战、混合作战。"众行远","联"是基础,"联"更是艺术。其二曰"辐"。《周礼·冬官考工记》说:"辐也者,以为直指也。"故"辐"意为直指直驱、不断延展。何以不断延展?内心饱满,自然而然。文字学家说"畐"声符亦兼表字义,意指"腹满",即自然能不断延展,直指直趋。罗蓉工作室为十位工作室成员每人再形成五人的基本研究团队,有些成员在各自学校、当地教育行政部门支持下组建更大团队,有了这种"辐"的体制机制,想不燎原也难。

为了更好地支持这种"联"和"辐",罗蓉名师工作室申请了课题,开展了研究,形成了自己的理念,更重要的是,点亮了当地教师心中的那一个共同的"小语梦"。这样的一个燎原团队,如同罗蓉名师工作室所表现出来的那样,自然是主动的,是快乐的,是乐此不疲的。君不见"罗蓉名师工作室"微信公众号上,光是正经八百的工作室简报 2019 年就已经有六十多期,2020 年的简报也已经发到了第十五期。此种坚韧,不燎原,何以如此?

有燎原,才有生存,才有发展,才有创新,才有高峰。愿全国各级各地名师工作室都有如此这般燎原的决心,都有如此这般燎原的方法和机制,从而创造出一个名师燎原的新生态来。

(本文原载"微言国培公众号",2020 年 5 月 27 日,引用时有删改)

后 记

HOUJI

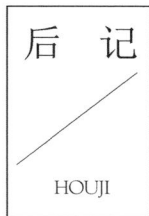

夜半灯明，伏案沉思，历经数年的教海沉浮和自我沉淀，《真学语文——让语文教学真实发生》书稿的出版，我终于给自己交上了一份满意的答卷。在此衷心感谢"国培计划"中小学名师领航工程北京市海淀区教师进修学校培养基地的恩师们，衷心感谢我的校长、同事、同行和给予我成长的每一个人。

在三年的学习中，我经历了"教育家型卓越教师"的研修旅程。从发展规划、理论引领，到跟岗实践、课题研究，从工作室建设、专题研讨讲习，到属地研修、送教下乡，这种进阶式的研修课程，让我经历了专业理论和学科实践的洗礼，从同伴、导师和专家那里汲取了最前沿的思想、理念和信息，使自己思考问题的角度得到了创新，分析问题的思路得到了拓宽，在这个过程中我感受着成长的幸福、体验着收获的快乐。

这本书的编写有我自己的思考，但也参考了很多我敬佩、尊重的老师的文章和观点。莫景祺教授告诉我指向核心素养的深度学习的意义和操作；罗滨校长的讲座让我明白要成为一名卓越老师，要从"学科独立走向学科融合，从倾听讲授走向学科实践"；林秀艳老师对我如何开展课题研究做了具体指导；吴欣歆教授和王化英老师一对一的课题指导和点评；理论导师李瑾瑜教授通过线上和线下的方式指导我提炼教学思想。2019年5月，申军红副校长、李瑾瑜教授、王化英老师、王秀英老师来到西南边陲昆明，面向昆明的老师们开展了一系列教研活动。因为有了你们的引领才让我更加坚定和踏实，也让我树立起信心，梳理自己的教育教学的点滴，在这里让我真诚地说一声："谢谢你们！"并深深鞠躬感恩致谢！

总有一种期待扬起生命之帆，以涛声为伴奏，扯缆绳做琴弦，掬劲风当号角，奏一曲教育研修的乐声。十多万字的文字就这样在时间的积累与静心的沉淀下，慢慢变成了一行行、一页页工整的印刷字。在写作的过程中，我思绪万千，感动不已，我将对教育的深情融入到了字里行间，这样的情也早已成为流淌在我血脉里的生活和记忆。因此，这本书既是对我教学生涯的回顾，更是我总结经验、展望未来的新起点。感谢在我生命的长河里，培养我的恩师，感谢他们对我谆谆教诲和不断扶持的深深情谊；感谢我的领导、同事以及工作室的同行们浓浓的友爱；也要感谢我自己，一直以来对小学语文有着如此深厚的教育情愫……一颗颗温暖的心和一双双温柔的手，让我一路走来，无比的坚定和温暖，是你们的支持和鼓励，让我确立了自己"真学语文"的教育思想，是你们支撑了"真学语文"。

是的，那支粉笔，那本书，那个讲台，教育情怀就这样早以亘古不变的姿态永远矗立在我的心房。在我看来，教育就是于沉寂中孤守，于浮华中炼心，让它经得起时间的洗礼，并最终见证岁月的光辉。我相信深藏在这本书中字里行间的情愫一定会让阅读的老师们平凡的教育生活变得温暖、满足而且有滋有味，亦会让时光葱茏，岁月留香；我更是相信这些情愫就是"真学语文"的"真"，也是教育的力量，它是那么的生机勃勃，未来更加日益葱茏。

春日的昆明阳光灿烂、芦苇摇荡，当我敲完最后一个字时，突然发现窗外的蔷薇植物不知什么时候已经悄悄吐出了绿芽！是的，春来，风暖枝头！我们的教育思想也像这些绿植一样可以肆意怒放，可以歌，可以诵，也可以尽情地书写……